W0243685

Gouvernez autrement !

La collection *Paroles d'Acteurs*
est dirigée par Mathieu Souquière

© Éditions de l'Aube, 2025
www.editionsdelaube.com

ISBN 978-2-8159-6565-1

Pascal Demurger

Gouvernez autrement !

Plaidoyer pour un exercice adulte du pouvoir

éditions de l'aube

Du même auteur,

chez le même éditeur

L'entreprise du XXIe siècle sera politique ou ne sera plus, 2019 ; Mikrós essai, 2025

Introduction
Le temps de la maturité

Nous sommes le 19 janvier 2023, à Napier en Nouvelle-Zélande. La salle de conférence, sobre, est remplie de journalistes. Ils sont silencieux. Ils pressentent qu'une annonce importante va être faite. Une femme s'avance vers les caméras, avec solennité, mais l'air serein. Jacinda Ardern, Première ministre depuis six ans, déclare renoncer à son mandat : « Je pars, car un poste avec d'aussi grands privilèges s'accompagne de grandes responsabilités. [...] Je sais ce que ce travail exige. Et je sais que je n'ai plus assez d'énergie pour lui rendre justice. C'est aussi simple que cela. » Un renoncement au pouvoir rarissime, mais conforme à ce qu'est cette dirigeante moderne, aussi simple que déterminée, qui se sera autant illustrée par sa capacité à rassembler face aux attentats d'extrême droite de Christchurch que par sa gestion exemplaire de la pandémie de Covid-19.

Deux ans plus tard, le 28 février 2025, autre lieu, autre personnage, autre rapport au pouvoir. Dans le Bureau ovale de la Maison Blanche, un homme, ivre d'une présidence retrouvée par la force de ses outrances, organise un guet-apens. Durant d'interminables minutes, il maltraite Volodymyr Zelensky, incarnation héroïque de la résistance ukrainienne et bouclier de l'Europe, venu désespérément chercher de l'aide. Un supplice que Donald Trump conclura de manière aussi légère qu'odieuse en déclarant aux journalistes présents : « Ça va faire de la très bonne télévision. » Le monde entier se voit alors confirmer que l'une des plus vieilles démocraties n'aura pas su empêcher le retour d'un tyran d'un genre nouveau, fossoyeur de près de deux cent cinquante ans de république américaine et de quatre-vingts ans de multilatéralisme.

Deux scènes, deux leaders en démocratie, deux incarnations antinomiques de la dignité en politique. Dans un cas comme dans l'autre, ni une Constitution, ni des institutions ou des lois n'auront fait la différence entre grandeur et bassesse, mais bien plutôt deux conceptions du pouvoir, adulte et digne pour la première, infantile et irresponsable pour le second.

La France, si elle ne laisse que peu de place à des attitudes au pouvoir aussi innovantes que celles de Jacinda Ardern, est encore heureusement préservée de la vilénie trumpienne dans l'incarnation des fonctions suprêmes. Pour autant, notre pays aussi traverse, depuis longtemps déjà, mais avec une intensité croissante, une véritable crise démocratique. Ses manifestations sont bien connues : l'abstention aux élections, la désaffection des partis qui voient fondre le nombre de leurs adhérents, la montée des partis contestataires, la remise en cause, par des responsables publics, de décisions de justice, l'émiettement et même la fragmentation au Parlement, l'exacerbation des clivages et la brutalisation du débat public, les réseaux sociaux comme espace de désinformation et d'invectives, tout semble dangereusement déréglé. Cause autant que conséquence de tout cela, nos concitoyens oscillent entre désintérêt et dégoût, persuadés qu'ils sont du manque d'efficacité de l'action publique et du manque de probité de ceux qui en ont la charge. Ainsi, les partis « antisystème » peuvent-ils, sans effort, prospérer sur une croyance de plus en plus partagée : neuf Français sur dix sont convaincus que nos gouvernants prennent de « mauvaises » décisions, c'est-à-dire contraires aux intérêts du pays ; pire, la moitié d'entre eux environ sont même persuadés que tout ceci est fait en connaissance de cause, de façon délibérée. Autrement dit, à la défaillance de nos élites s'ajouterait leur trahison.

Après une longue alternance droite-gauche puis une tentative de dépassement, c'est désormais la question plus profonde de la capacité du pouvoir, en démocratie, à agir efficacement qui est posée. Dans un monde dans lequel les périls climatiques, sociaux, géopolitiques paraissent parfois insurmontables, la quête de sens, d'orientation et le besoin de stabilité n'ont jamais été aussi grands. Et pourtant, l'institution politique, censée incarner la boussole collective, vacille. Non pas seulement par défaut de résultats, mais principalement par déficit de récit, de confiance et de lien. Le pouvoir, dans sa forme actuelle, n'inspire plus. Il se replie sur lui-même, se raidit, se cabre. Et les dirigeants, loin de rassembler, polarisent. Non parce qu'ils seraient systématiquement mauvais, mais parce que leur manière de gouverner elle-même est devenue obsolète. À la verticalité autoritaire, à la technicité froide, à la posture jupitérienne souvent déconnectée, répondent désormais la colère, le ressentiment ou la résignation. Le fossé se creuse, l'éloignement s'amplifie.

Cette crise démocratique me semble être avant tout une crise de la manière de gouverner devant conduire nos dirigeants, ou ceux qui aspirent à l'être, à repenser en profondeur leur conception du pouvoir. Alors que notre histoire et notre culture politique et administrative ont longtemps valorisé la verticalité, la centralisation, l'expertise technocratique, accentués par une défiance séculaire envers les corps intermédiaires, cette forme de gouvernement, qui a pu hier produire des résultats, atteint aujourd'hui ses limites. Elle n'est plus désirée, ni même comprise.

Cette attitude est d'autant plus inopérante que le monde change. Rapidement et profondément. Le rapport à l'autorité, au travail, aux institutions s'est transformé en quelques décennies. La société est plus diverse, plus éduquée, plus informée, plus connectée, ses aspirations ont évolué, mais les modes d'exercice du pouvoir, eux, sont restés figés. Dans l'entreprise, ces mutations commencent à bousculer les pratiques. Face à l'épuisement du management autoritaire, de plus en plus d'organisations expérimentent de nouveaux modèles fondés sur la confiance, l'autonomie, le sens du travail, la motivation et l'engagement des collaborateurs. Non par naïveté, mais parce que cela fonctionne.

Bien sûr, je mesure trop la spécificité de la vie politique au regard de celle de l'entreprise pour me risquer à un strict parallèle. J'en observe les contraintes immenses, la violence de la compétition électorale et la pression constante exercée par le regard intraitable des médias et de l'opinion. Reconnaissons également à nos gouvernants la difficulté considérable à faire prévaloir l'intérêt général face à une défense de plus en plus silotée des intérêts particuliers. Cela m'a conduit à m'abstenir jusqu'à présent de tout jugement public sur la manière de gouverner notre pays.

Pourtant, en observant ce monde, s'accentue chez moi le sentiment d'une dégradation croissante de notre vie publique nationale. Le ressentiment profond d'une grande partie de nos concitoyens à l'endroit de la classe politique fragilise dangereusement notre démocratie et sert les projets funestes d'ingénieurs du chaos extrêmement résolus. Profondément attaché à notre tradition républicaine, je ne peux me résoudre à une telle perspective, ni pour mon pays, ni pour nos enfants. Et je demeure convaincu qu'une majorité d'entre nous redoute également une telle issue. Aussi, continuant de croire qu'un autre chemin est possible et quelque modeste que soit ma contribution, ai-je décidé d'écrire ce livre. J'appelle à prendre le temps d'aborder ce que trop souvent nous négligeons en politique face à la pression du court terme : les modalités de l'exercice du pouvoir et ses finalités ultimes. C'est pour moi ce qui conditionne tout le reste.

J'ai, en effet, appris, en dirigeant la MAIF depuis plus de quinze ans, combien le rôle principal d'un patron n'est pas, comme je le pensais à mes débuts, de prendre soi-même les meilleures décisions « techniques », qu'il réside moins encore dans son omnipotence ou son omniprésence, mais d'abord dans sa capacité à rassembler et embarquer un corps social, à nourrir un sentiment d'appartenance et même de fierté collective et à projeter une aspiration, un idéal communs. Il s'agit autant d'incarner, de fédérer que de faire. Disant cela, il n'est pas question de céder à la naïveté : si l'on n'y prend garde, l'entreprise devient naturellement un lieu de tensions entre des intérêts antagonistes qui peuvent engendrer frictions et même confrontations, nul ne l'ignore. Mais à l'inverse, avec de la volonté, de l'attention, du soin, elle peut devenir un espace de cohésion, d'intérêts plus souvent alignés qu'opposés, d'atténuation des conflits. Un lieu de réconciliation, en somme.

Or, de quoi la France a-t-elle le plus besoin aujourd'hui, si ce n'est de réconciliation ? De réconciliation avec ses politiques d'abord, face à la radicalisation du débat, l'abaissement du discours, la dilution de l'intérêt général, mais surtout le sentiment d'un mépris et d'un manque coupable de considération à l'égard de chacun. De réconciliation en son sein également, à l'heure de la généralisation d'une méfiance sans précédent à l'égard de l'autre, a fortiori s'il est différent de soi. De réconciliation avec elle-même, enfin. La France souffre terriblement du décalage entre la nostalgie de sa grandeur passée et le sentiment de son déclin actuel, entre le souvenir ému ou reconstruit de Trente Glorieuses alliant douceur et progrès et une réalité présente partagée entre la dureté des temps et la noirceur des perspectives.

Face à ces constats, ce livre se veut une contribution, fondée sur l'expérience, afin de promouvoir une autre approche de l'exercice du pouvoir. Un pouvoir « adulte », émancipé du besoin de démontrer constamment sa toute-puissance, acceptant de s'exercer dans un monde d'interdépendances et misant sur l'intelligence collective et le temps long pour agir. Un pouvoir qui tienne compte de ses trois dimensions indissociables : sa dimension symbolique, qui tient à la force et à la forme du récit ; sa dimension personnelle, qui tient à la force et à la forme de l'incarnation ; sa dimension projective, qui tient à la force et à la forme du dessein.

Changer d'abord de récit, car tout commence par les représentations que nous nous faisons du monde. Les récits que nous entendons le plus fréquemment aujourd'hui alimentent une croyance collective en un déclin inéluctable, une réforme impossible, un peuple ingouvernable, une « archipélisation » de notre société, ou une brutalisation des rapports sociaux érigée par certains au rang d'un véritable mouvement de « dé-civilisation ». Ces récits ne sont pas neutres, mais, au contraire, puissamment performatifs. Ils fabriquent le réel autant qu'ils le décrivent. Nous finissons par en être convaincus et par les accepter comme une fatalité. Il nous faut sortir de cette dialectique mortifère pour renouer avec d'autres mythes, d'autres narratifs, qui, décrivant tout aussi justement le réel, nourrissent le sentiment d'appartenance et fédèrent autour d'aspirations communes. Ce travail sur les imaginaires est un préalable indispensable à tout changement du réel.

Changer ensuite de pratiques du pouvoir. Si le principe même de l'autorité n'est pas remis en cause, les manières de l'exercer doivent, en revanche, être renouvelées. Les Français, et c'est légitime, ont besoin de se sentir considérés, respectés, entendus. Ils attendent un exercice du pouvoir plus attentif, plus participatif, moins infantilisant. Il ne s'agit pas de basculer dans l'horizontalité naïve ou le populisme démagogique, mais d'incarner une autorité juste, attentive. Le pouvoir ne peut plus être solitaire, il doit être partagé, il ne peut plus être distant, il doit être empathique et l'être avec sincérité.

Changer, enfin, de perspectives pour notre pays. Une société ne peut vivre sans une raison d'avancer suffisamment légitime, puissante et singulière. Sans une aspiration commune qui la structure et la porte. Or, nous sommes aujourd'hui au contraire ballottés par le court-termisme, du cycle électoral à la stratégie économique. Toujours, nous nous focalisons sur les moyens de rester dans la course, sans jamais nous attarder sur les finalités ultimes de nos actions. Nous suivons la marche du monde, voire d'abord celle du marché, et embrassons ses dogmes, même les plus destructeurs en matière d'emploi, de souveraineté ou d'équilibre écologique. Nous ne parvenons pas à nous fixer comme objectif politique non pas seulement la quête, par ailleurs incontournable, de compétitivité, mais aussi tout simplement le mieux-être quotidien des gens, l'habitabilité de notre monde, le choix d'un modèle de civilisation spécifiquement européen. Nous renonçons ainsi à tracer notre propre route vers un modèle puissant et rassembleur parce que plus protecteur, plus long-termiste et plus sobre.

Je mesure chaque jour au sein de mon entreprise combien un récit fédérateur, l'attention sincère portée à l'autre et le partage d'une ambition commune sont les ingrédients non seulement d'un mieux-être de tous, mais aussi d'une performance collective décuplée. Ne pourrait-on pas l'envisager pour notre pays ? À celles et ceux qui exercent le pouvoir ou aspirent à l'exercer, je dirais, en veillant à ne céder ni à la facilité ni au fond de l'air poujadiste : gouvernez autrement.

1
Changer de récit

Si une nation est, selon la formule classique de Renan, un « plébiscite de tous les jours », c'est bien qu'elle est d'abord une construction de l'esprit. Une nation n'existe qu'en s'appuyant sur des référentiels communs et en se projetant vers un avenir partagé. Elle se nourrit de souvenirs, d'expériences, de valeurs, de croyances et d'aspirations communes. Elle se construit par des mythes fondateurs, c'est-à-dire des croyances enfouies qui structurent notre rapport au pouvoir et s'entretient par des récits fédérateurs. En France, d'ailleurs, le « roman national » occupe une place singulière, comme si le récit que l'on se fait de nous-mêmes comptait, d'une certaine façon, autant que le réel.

Mais il est surtout essentiel du fait de son caractère performatif. Il rend possible ou, au contraire, empêche, il accélère ou il freine, il incite ou il dissuade. Ce faisant, notre représentation abstraite du monde finit par modeler sa réalité concrète. Ce qui advient découle aussi, voire surtout, de ce que nous pensons et de ce que nous nous racontons, du monde, des autres et de nous-mêmes. Par conséquent, l'enjeu premier est, logiquement, de travailler à changer notre perception du réel pour retrouver notre pleine capacité à le transformer. C'est la vision qui permet l'action.

Pour autant, le récit politique ne consiste pas à enjoliver le réel, mais à insuffler du sens à l'action avec sincérité. Il repose sur des valeurs et une quête d'idéal. Il a son registre propre : il ne s'agit ni d'un slogan ni d'un artifice de communication. Or, la politique s'est peu à peu laissée happer par les codes du *storytelling*. À mesure, en effet, que les institutions perdaient leur autorité naturelle, la tentation s'est répandue de compenser ce vide de récit par des artifices de langage, des « temps forts », des « séquences », des images destinées à « imprimer ». Un cercle vicieux s'est ainsi enclenché : ce qui devait réveiller l'intérêt des citoyens n'a fait que démonétiser un peu plus encore la parole publique et creuser davantage le fossé entre ceux qui parlent et ceux qui ne les écoutent quasiment plus.

Reste une condition essentielle de réussite : la tonalité du discours. Et, ici, je ne peux que m'étonner de la facilité avec laquelle nous nous sommes enfermés dans des mythes négatifs.

La litanie des récits démobilisateurs

Face aux crises et à la peur du déclin, ceux qui forgent l'opinion ou organisent la vie de la cité en sont venus à nous promettre, étrange inversion, le pire plutôt que le meilleur.

Cette sombre tonalité ne fait pas que traverser les discours politiques, elle sature le paysage médiatique et le débat d'idées, enfermés dans une rhétorique de la décadence et de la fracturation aux allures d'évidence. Dorénavant, être pessimiste, c'est être réaliste ; se faire plus nuancé, c'est au contraire s'exposer à un procès en naïveté. Dans ces conditions, le « malheur français » est devenu un étalon que bien des travaux ont permis de documenter en montrant combien, à revenu égal et conditions de vie similaires, nos concitoyens se déclarent systématiquement plus malheureux que leurs voisins. Des voisins, dont il n'est pas inutile de rappeler qu'ils subissent pourtant, eux aussi, le dérèglement climatique, la crise économique et l'insécurité avec autant de force que chez nous.

Fatalement, certains s'emparent de ce discours décliniste et l'amplifient pour en tirer le plus grand bénéfice politique. Ils sont les nouveaux maîtres du récit, ces « ingénieurs du chaos », dont Giuliano da Empoli a dévoilé la fonction : une mise en algorithmes des colères populaires avec comme seule visée de torpiller le système et la ferme intention d'installer le leur. Cette mécanique-là doit impérativement être inversée, car elle vide la communication politique de sa fonction fédératrice et pacificatrice.

Il ne serait évidemment pas sérieux de nier la montée des inégalités, la souffrance au travail, la décrépitude de certains services publics, les enjeux de sûreté publique, les effets pervers du monde numérique et la menace climatique. Ces sombres récits sont adossés à des données, dont aucune n'est inventée. Mais si rien n'est inventé, tout est trop souvent interprété et présenté pour alimenter une vision eschatologique du monde, alors même que le rôle du politique est de rassembler la Cité et de la faire avancer. Cette vision systématiquement magnifiée du passé et dégradée du futur alimente des peurs, qui, les sciences sociales l'ont bien montré, inhibent l'action. Cette peur rend les citoyens nostalgiques, les dirigeants défensifs, les institutions frileuses. En un mot, elle fige la société et l'empêche de progresser.

Le plus puissant actuellement est, sans doute, celui d'un « archipel » français. Les analyses de Jérôme Fourquet, fourmillant d'angles d'observation totalement neufs et de chiffres percutants, auront contribué à renouveler la compréhension de la société française. Ce concept « d'archipélisation » tire sa force de sa clarté, en décrivant une France dont les anciennes appartenances collectives – classe sociale, religion, partis politiques, syndicats, école… – se sont fissurées au point de ne plus produire d'expérience commune. L'archipélisation créerait ainsi une véritable dislocation de la communauté nationale. Même si cette lecture de notre société se focalise sur les éléments de décomposition sans s'intéresser assez aux éléments en recomposition – alors que toute société détruit du commun, mais en reproduit par ailleurs, depuis toujours –, elle est éclairante. En revanche, l'instrumentalisation et la récupération qui en sont faites alimentent un récit qui devient intellectuellement discutable et politiquement glissant.

Ceci n'est pas sans conséquence sur le réel, car le récit d'une société irrémédiablement fragmentée engendre ses effets pervers, en normalisant le repli, en justifiant la peur de l'autre, en donnant du crédit aux logiques de séparation. Cette vision imprègne les discours qui laissent entendre que la cohésion est impossible et que l'unité nationale est menacée de l'intérieur, avec le passage annoncé d'une logique de « côte à côte » à une logique de « face-à-face ». Cette fragmentation, dont les indices existent, en effet, n'offre pas un destin pour la suite. Affirmer que la société est un empilement d'identités fermées et figées, c'est renoncer à la prise en compte d'un lien social qui demeure, peut se cultiver et se réinventer. Souvenons-nous de la célèbre phrase de Mirabeau, dépeignant déjà la France prérévolutionnaire comme un « agrégat inconstitué de peuples désunis ». La France, cet archipel depuis toujours, en quelque sorte.

Le deuxième récit dominant, qui lui aussi fonctionne à la fois comme un élément éclairant et comme une forme d'empêchement, est celui d'un peuple décrit comme ingouvernable. Sous notre profil le plus avantageux, nous nous voyons comme une société rebelle et frondeuse, éprise avant tout de justice et de liberté. La réforme, oui, mais à condition qu'elle soit juste et alignée avec nos valeurs fondamentales. Sous un jour moins flatteur, certains n'ont pas hésité à nous dépeindre comme un peuple de « gaulois réfractaires », enclin à la révolution, mais inapte à la réforme, amateur de grèves et de manifestations, éruptif et régicide. Selon la formule prêtée à Talleyrand : « Les Français sont ingouvernables, mais ce sont les meilleurs sujets pour une révolution. » Des adolescents en résistance ou en révolte, d'une certaine manière.

Ce discours enferme le politique dans une posture d'assiégé, contraint de décider pour les Français malgré eux, en adoptant des mesures qui seraient d'autant plus salutaires qu'elles sont impopulaires. Dans ce schéma de représentation, l'homme politique devient un homme d'État (toujours a posteriori) s'il sait faire le choix courageux de l'impopularité face à un peuple d'enfants gâtés et rétifs au changement. Cette représentation encourage une gouvernance verticale, hautaine et autoritaire. Elle la condamne même à une infantilisation de l'opinion, produisant une forme de déresponsabilisation. Elle crée, enfin, les conditions d'une prophétie autoréalisatrice dans laquelle le dialogue, déjà difficile, devient impossible : puisque l'on anticipe le conservatisme et le blocage de l'opinion, cabrée sur ses « avantages acquis », on ne l'associe pas, on ne l'écoute pas, on ne la considère pas. Et ce faisant, le peuple, exclu ou instrumentalisé, riposte au mépris des gouvernants par le blocage. Parce qu'on le pense, par principe, inapte au changement, on le rend, dans les faits, inapte au changement.

D'autant plus que le récit glisse bien souvent d'une France réfractaire à toute évolution à celui d'une France paresseuse et assistée. Ce mythe s'appuie sur des figures récurrentes bien connues : le chômeur qui ne cherche pas, l'allocataire qui fraude, le fonctionnaire qui ne travaille pas assez, le salarié en arrêt maladie abusif, le télétravailleur davantage devant sa télé qu'en train de travailler. Au milieu de ce cocktail, la palme revient peut-être à la jeunesse. Chaque époque s'est empressée de regarder sa progéniture de travers, mais ce biais a pris une force nouvelle. Face à une jeunesse qui refuse certains codes – l'emploi à vie, l'autorité verticale, la hiérarchie sans justification, le productivisme –, le réflexe est de dénoncer une forme de démission.

Ces conséquences délétères s'accentuent quand ces représentations collectives elles-mêmes deviennent encore plus sombres. Nous sommes récemment montés d'un cran dans l'autodiagnostic : de la société archipélisée, du peuple indomptable, de la France assistée et de la jeunesse désengagée, nous sommes passés à la « France Orange mécanique », pour dénoncer un pays à feu et à sang, soumis à une violence endémique et en explosion. Un pays en perte de repères et de valeurs en train de basculer dans une forme d'agressivité généralisée, voire de « sauvagerie » avec le concept de « dé-civilisation », repris au bond par le président de la République lui-même, nourrissant un imaginaire du chaos, de la guerre civile, du retour à la loi du plus fort. Bien sûr, la violence existe, prend des formes nouvelles, parfois extrêmes, et doit être combattue. Mais affirmer que nous serions entrés dans un processus de « dé-civilisation » généralisée est dangereux, obère la possibilité de faire société pacifiquement et démocratiquement, renforce encore la peur, de l'autre et de demain, et conditionne les esprits à accepter des solutions autoritaires à la hauteur du désordre qui nous attendrait.

Nous sommes ici confrontés à des récits émotionnels très puissants, qui agrègent des angoisses diffuses à des réalités sociales bien réelles – le déclassement, l'insécurité matérielle comme culturelle, le sentiment de perte de contrôle – et qui, in fine, contribuent à fissurer le commun.

Ces nouveaux récits profondément démobilisateurs, et même tout simplement anxiogènes, se sont d'autant plus développés qu'ils prenaient la place laissée vacante par des mythes autrefois puissants, mais aujourd'hui essoufflés. Longtemps sont demeurées les deux épopées les plus structurantes jamais produites, qui permettaient d'embarquer l'ensemble des classes sociales autour de deux promesses distinctes : celle de la religion, d'une part, celle de la révolution, d'autre part. Elles offraient chacune un horizon réconfortant, le salut éternel dans l'au-delà ou l'abolition des classes sociales ici-bas. Avec leur essoufflement, la France de droite et la France de gauche, pour s'autoriser un raccourci, se sont ainsi retrouvées orphelines de leurs grands récits de façon à peu près synchronisée.

Un temps, nos sociétés ont cru que ce trou d'air spirituel et ce recul du matérialisme historique allaient être compensés par la puissance d'un autre matérialisme : le récit de la société de consommation. Un hyper-consumérisme venant prendre la place d'un monde de privation qui fut de manière ancestrale le lot commun, nous promettant désormais confort matériel, extension et satisfaction illimitées de tous nos besoins et croissance infinie. Un monde faisant rimer abondance et insouciance, auquel la nostalgie intacte que nous entretenons avec l'imaginaire des Trente Glorieuses dit le culte que nous continuons à lui vouer. Ici aussi, le ressort s'est cassé : le productivisme se heurte aux limites planétaires, la mondialisation n'est plus « heureuse » et même si le combat pour sa propre subsistance est indissociable de l'épopée humaine, nous n'en sommes plus au stade où remplir son réfrigérateur offre un projet de société suffisant, d'autant plus que les logiques économiques, hier prometteuses, sont devenues sous nos yeux destructrices de la nature et du lien social.

De son côté, le mythe républicain est l'objet d'une déception plus que d'un rejet. Fondé sur les trois piliers énoncés au frontispice de tous nos bâtiments publics, il postule une promesse d'universalisme, d'émancipation par l'école, le travail et le mérite. Ce récit proclame que, par la vertu de nos institutions républicaines, avec l'école comme ascenseur social et l'État comme garant de l'intérêt général, chacun peut trouver sa place, indépendamment de ses origines ou de sa condition. Si cet idéal républicain a porté des générations, structuré nos politiques publiques, inspiré bien des engagements et des combats et continue dans les temps de crise de nous faire tenir debout, il suscite aussi déception et désaffection. En cause, l'institution scolaire qui peine à combattre les inégalités, les discriminations encore tellement présentes, la méritocratie qui apparaît comme une fiction cruelle lorsqu'elle n'accorde pas les mêmes chances à tous. Ce n'est pas tant l'idéal qui est rejeté que l'écart entre la promesse affichée et l'expérience vécue.

Tous ces récits, aujourd'hui essoufflés et questionnés, étaient indissociables de l'idée de progrès. Portée par les Lumières, par l'essor industriel, par la promesse d'un avenir meilleur grâce à la science, à la croissance, à l'éducation, à la protection de l'État, celle-ci a façonné nos imaginaires jusqu'à la fin du XXe siècle, avec des schémas de représentation qui nous permettaient d'endurer les difficultés présentes au nom d'un futur désirable. Elle offrait une perspective, une confiance dans le fait que demain serait meilleur qu'aujourd'hui. La nostalgie de cette époque est moins celle de la réalité qui était la sienne que celle de la projection qu'elle portait. Ce qui était mieux hier, en somme, ce n'était pas hier, c'était demain ou à tout le moins l'idée que l'on s'en faisait et l'espoir que l'on en nourrissait.

Ces récits, puissants hier, se sont fracassés contre le mur du réel. Ne décrivant plus le monde tel qu'il est et ne pouvant plus prétendre dessiner celui qui pourrait advenir, ils ont perdu toute aptitude à mobiliser ou à fédérer.

Un gisement de récits positifs pour demain

Un récit est la combinaison d'une vision du passé propre à forger une identité commune et une projection de l'avenir de nature à rassembler des aspirations partagées. Autant reconnaître que l'exercice de synthèse, ou même de compromis, sur l'un comme sur l'autre, est loin d'être acquis.

La question même de savoir ce que doit être le rôle de notre histoire est profondément politique, quand elle n'est pas purement idéologique. Le récit historique a-t-il comme principal objet de faire aimer la France ou de permettre de la comprendre ? Doit-on essayer de promouvoir une mémoire commune ou assumer une diversité mémorielle ? Et, naturellement, l'école, creuset de la construction d'une vision du monde, est au cœur de l'interrogation : doit-elle transmettre une fierté ou un sens critique ?

Quant aux aspirations, elles s'expriment de manière tout aussi plurielle : entre l'attente d'une identité affirmée et le souhait d'une diversité reconnue, entre l'espoir d'une société sobre et plus écologique et la revendication d'une économie libre et délestée de ses contraintes, entre la tentation d'un pouvoir fort, voire d'un État autoritaire, et la défense d'une société plus démocratique, plus libre et plus décentralisée, entre la nostalgie d'un ordre moral plus présent et le goût pour une liberté individuelle moins entravée.

Il serait prétentieux d'imaginer que ce livre surmonte ces tensions et propose une vision, un récit de nature à faire l'unanimité. Il serait même ridicule qu'il y prétende. En revanche, il se propose de s'interroger sur ce qui peut contribuer à la construction de ce récit national positif, autour de quatre enjeux : raconter une continuité historique lucide, nourrir une envie contemporaine de vivre ensemble, valoriser nos fiertés nationales et assumer une part d'universalisme. Quatre éléments à même de nous faire entrer dans un nouvel âge de notre démocratie, plus adulte, plus mature.

Le rapport à l'histoire est par nature complexe dans la France contemporaine. Il est, d'un côté, indispensable, si nous voulons faire société et vivre ensemble, de partager un récit historique structurant qui permette de former des citoyens conscients de leur inscription dans le temps. Mais ce récit ne saurait, pour être honnête et audible, ni gommer les épisodes les plus critiquables de notre passé, ni, surtout, oublier que notre communauté nationale compte aujourd'hui un nombre important de personnes qui n'ont pas cette histoire en commun et dont beaucoup ont eu des ancêtres qui ont souffert de notre propre passé. Le refus d'obstacle serait la pire des réponses. On ne peut pas faire société qu'à travers le seul partage de l'instant présent, et on sait combien dans les inconscients, individuels comme collectifs, l'oubli et le refoulement sont pesants et délétères. Il faut affronter le sujet pour être en mesure de partager un récit national réfléchi, fondé ni sur la nostalgie ni sur la déconstruction, qui permette de penser le politique à partir du temps long. La compréhension d'une chronologie historique, le partage de grandes figures nationales sont nécessaires et ne sont pas incompatibles avec la conscience lucide des outrances du passé, leur compréhension dans le contexte d'hier, mais leur condamnation dans le monde d'aujourd'hui. De même, la fierté ne doit pas être univoque. Pour qu'elle soit partagée largement, l'histoire telle que nous l'enseignons et la diffusons doit valoriser le passé des peuples colonisés précédant cette colonisation.

Le deuxième enjeu est, peut-être, encore plus démesuré que le premier. Comment imaginer une citoyenneté contemporaine ? Ou, comment répondre positivement à la question posée par Pierre-Henri Tavoillot dans le titre de son dernier livre : *Voulons-nous encore vivre ensemble ?*[1] ? Deux idées fortes et assurément modernes s'offrent à nous : la fraternité et l'unité.

D'abord en revenant aux sources de ce qui pourrait constituer une « raison

1. Pierre-Henri Tavoillot, *Voulons-nous encore vivre ensemble ?*, Paris, Odile Jacob, 2024.

d'être », pour nous Français, qui n'avons pas choisi notre triptyque de valeurs au hasard. Hisser la fraternité au sommet, au même rang que la liberté et l'égalité, dit assurément beaucoup de notre imaginaire politique et de notre inconscient collectif. Si l'on peut, à grands traits, appréhender le XIXe siècle comme celui de la liberté – grâce à l'affirmation de droits politiques inédits – et le XXe comme celui de l'égalité – avec l'adoption de droits sociaux étendus –, pourquoi ne ferions-nous pas du XXIe celui de la fraternité ? Elle nous sera nécessaire pour faire face aux défis de l'heure, qui portent de sérieux risques de tension, et elle offre un potentiel de mobilisation et de réconciliation. Si la droite s'affirme volontiers comme le camp de la liberté et la gauche comme celui de l'égalité, la fraternité a le mérite d'offrir une bannière commune.

Parmi nos grands mythes adulés, comme un horizon inaccessible, Raoul Girardet a bien insisté sur l'idéal d'unité, nourri par un peuple qui, à peine sorti des guerres de religion, est entré dans la modernité politique à coups d'oppositions frontales, entre soutiens et ennemis de la République d'abord, entre gauche et droite plus durablement. L'unité nationale ne se décrète évidemment pas, mais elle s'illustre : c'est à l'heure présumée de l'archipel que nous avons connu la plus importante mobilisation de toute notre histoire, lorsque 4 millions de personnes communièrent dans une manifestation fleuve pour défendre la liberté de la presse en général et la mémoire de *Charlie Hebdo* en particulier. Car s'attaquer à ce journal, pourtant lu par quelques milliers d'habitués tout au plus, en massacrant sa rédaction, c'était justement s'attaquer à l'esprit français, et à ce qu'il a d'universel, comme en attesta le nombre de chefs d'État et de gouvernements étrangers présents à cette occasion. C'était aussi attenter à notre conception d'une laïcité républicaine, formidable outil de cohésion dans la liberté.

De l'avis de tous, les Jeux olympiques de Paris 2024 ont constitué une réussite éblouissante à tous égards, comme une démonstration non seulement de notre savoir-faire, mais, bien plus important encore, de notre fierté d'être français et de notre bonheur d'être ensemble. De cela, pensions-nous encore être capables ? Pendant ces semaines magiques, nous avons préféré les passions joyeuses aux passions tristes, l'ouverture aux autres au repli sur soi, la créativité au déclin, l'inclusion au rejet, et même le lien à l'« archipélisation ». Nous avons ainsi redécouvert le plaisir d'être ensemble et, non sans un brin de surprise, le plaisir d'être heureux ensemble.

La célébration, voire la simple reconnaissance, de nos fiertés nationales semblent aujourd'hui déplacées, quand elles ne sont pas jugées ridicules. Pourtant, le partage lucide de ces objets de fierté est à la fois le ciment puissant de la cohésion, chacun devenant dépositaire d'une part de cette fierté collective, et le socle de nos projections positives. Si nous avons été ou sommes encore capables de ça, pourquoi ne le serions-nous plus demain ? S'ils ont connu une telle réussite, c'est peut-être parce que ces JO étaient la France, dans ce qu'elle a de meilleur, mais aussi de plus singulier et rien ne nous empêche de faire vivre cet héritage. Il n'est ni illégitime ni même grotesque de valoriser un certain savoir-faire français, certes moins unique qu'hier, mais encore profondément enraciné dans notre imaginaire collectif. Oui, la France continue d'occuper une place à part pour son patrimoine, naturel et culturel, son artisanat, sa gastronomie ou son industrie de la mode, pour ne citer que ces exemples. Elle s'est imposée comme la première destination touristique mondiale, c'est-à-dire l'endroit privilégié chaque année, par une centaine de millions de personnes issues du monde entier. Elle a par ailleurs, à chaque époque de rupture technologique, su se montrer innovante dans les secteurs de pointe, avec le cinéma, l'aéronautique ou l'automobile à la fin du XIXe siècle, le Concorde, le nucléaire et le TGV dans le dernier quart du XXe, l'intelligence artificielle (IA) ou les biotechnologies aujourd'hui.

Enfin, le regard qu'un groupe social porte sur lui-même dépend aussi de la représentation qu'il se fait de sa place parmi les autres et de la manière dont il imagine être perçu par eux. De ce point de vue, la France occupe une place symbolique particulière en dépit même de sa taille modeste. Elle se vit au fond comme ayant une vocation universaliste. Elle est porteuse d'un message qui va bien au-delà de ses frontières, produit de la pensée philosophique et politique des Lumières, incarnée par les révolutionnaires de 1789. En dépit des urgences du moment, l'Assemblée nationale constituante, toutes affaires cessantes, a pris le temps de rédiger la Déclaration des droits de l'homme et du citoyen. Et elle l'a fait non seulement pour abolir ici même les privilèges, mais aussi comme une déclaration à vocation universelle devant valoir en tout temps et en tous lieux. Thomas Jefferson, rédacteur de la déclaration d'indépendance des États-Unis et troisième président de ce pays, alors ambassadeur en France, n'a-t-il pas déclaré : « Tout homme libre a deux pays, le sien et la France. » ? Cette déclaration des Droits de l'homme de 1789, ayant valeur constitutionnelle, se situe au sommet de nos tables de la loi républicaine, symbolisant le fait que cette vision universaliste n'est pas seulement théorique, mais a vocation à structurer notre ordre juridique.

La volonté de partager une vision apaisée, mais lucide de notre histoire, l'envie retrouvée de vivre ensemble à travers la fraternité et le souci de l'unité, la fierté de nos réussites nationales et une aspiration à une forme d'universalisme, pourraient, avec beaucoup d'autres sans doute, composer un matériau propre à bâtir un récit national rénové. Il y a bien une identité française qui peut se nourrir de mythes positifs, de croyances performatives, de passions joyeuses et d'idées justes qui s'incarnent dans notre vie quotidienne et inspirent le monde. Faire vivre ces mythes français positifs est un élément incontournable de réconciliation nationale. Un tel récit n'est pas une histoire racontée aux enfants pour mieux les faire dormir. L'âge adulte n'est pas celui de la fin des rêves, mais celui où les rêves peuvent se transformer en volonté et se concrétiser en actes.

Mais pour atteindre ces idéaux, pour réussir sur le fond, il faut aussi s'attaquer à la forme. Ce qu'il faut rendre possible avant tout, c'est un nouvel âge de la manière française de débattre et de décider. Ce qui doit nous animer, à rebours de préjugés profondément ancrés, c'est la conviction que la société est majoritairement composée d'adultes responsables et raisonnables et donc capables de courage comme de compromis. C'est à cette condition que nous parviendrons à tracer notre voie dans un monde en crise. Outre qu'il est nécessaire, cet horizon semble à la fois suffisamment réaliste en ce qu'il ne nie rien de la complexité du monde, mais cherche au contraire à l'embrasser pour mieux la piloter, mais aussi suffisamment désirable en ce qu'il porte une promesse de dignité et d'apaisement.

2
Changer de pratiques

Si le partage d'un récit commun positif est une condition essentielle à un renouveau démocratique fondé sur l'envie de vivre ensemble, l'émergence d'une démocratie adulte tient aussi, avant tout peut-être, à la manière dont, concrètement, les relations entre gouvernants et gouvernés s'établissent. Le comment est souvent aussi déterminant que le quoi.

Or, en démocratie, l'exercice du pouvoir comme la relation entretenue avec celui-ci sont par nature ambigus. Chacun se souvient de la phrase d'Aristote : « La politique est l'art de commander à des hommes libres. » Dans une société dont le niveau d'éducation et d'information atteint des niveaux sans équivalent, dont l'aspiration à la liberté et au respect est centrale, cela exige, et c'est légitime, de la part des gouvernants, comme des dirigeantes et dirigeants d'entreprise, de reconsidérer leurs manières de penser, de faire et parfois même d'être. Cela impose qu'ils considèrent sincèrement celles et ceux qu'ils représentent et aux destinées desquels ils président et adoptent des codes, comportements et attitudes donnant à voir cette considération. Qu'ils agissent en présupposant l'égale dignité, le désir d'autonomie et le sens des responsabilités de tous. C'est cette manière de penser et d'être qui permettra d'établir des relations, non pas pleinement horizontales, mais d'adultes à adultes dans notre démocratie pour, dans un même mouvement, la pacifier et la libérer.

Pourtant, la manière d'être dominante en France est encore aujourd'hui, pour l'essentiel, héritée d'un modèle centralisé et vertical, symboliquement distant et culturellement méfiant. Elle dessine le portrait d'un pouvoir, considérant et écoutant peu ses concitoyens, constamment tenté de tout décider, tout contrôler, tout assumer, en pariant trop rarement sur l'intelligence et le discernement des individus. D'un pouvoir au mieux paternaliste, au pire solitaire, trop souvent convaincu de sa supériorité. Et qui, pour cela, ne croit pas nécessaire d'écouter authentiquement, oublie de déléguer et refuse de faire confiance. Sans mesurer qu'en agissant ainsi il se piège lui-même, créant les conditions de sa propre incapacité et de sa violente remise en cause.

Ce modèle, profondément ancré dans notre histoire, est encore majoritaire dans nos esprits et dans nos gestes, dans nos institutions comme nos entreprises, produisant des effets délétères dans la société. Un gâchis d'autant plus regrettable que les exemples d'exercice plus mature du pouvoir ont fait la preuve de leur pertinence et de leur efficacité.

Une verticalité infantilisante et déresponsabilisante

La France est une démocratie singulière. Car même dans le cadre républicain que nous avons adopté, nos pratiques du pouvoir restent profondément empreintes du double héritage monarchique et jacobin. Aucune royauté voisine, justement pour marquer la différence entre pouvoir dynastique et pouvoir politique, ne pratique un tel mélange des genres. À l'inverse, la France continue d'emprunter aujourd'hui à ce pouvoir qu'elle a, hier, décapité. Un cocktail d'absolutisme et de bonapartisme dont nous peinons à dépasser les codes et qui nous enferme dans cette fascination pour les pouvoirs forts : Pascal Ory a rappelé ces deux inventions politiques que l'on doit à la France, celle de la démocratie autoritaire d'une part – telle qu'incarnée par les deux Napoléon au XIXe puis, dans une bien moindre mesure, par le schéma gaullien de la Ve République –, et celle du populisme moderne, d'autre part, avec, notamment, le général Boulanger. Une fascination pour les figures militaires et le pouvoir personnel en somme, dont l'imaginaire nous piège encore aujourd'hui. Raoul Girardet a bien montré comment le mythe de l'homme providentiel, sauveur charismatique et censé incarner le salut national, occupe une place de choix dans notre imaginaire collectif.

Ce mythe est renforcé par la représentation d'un État tout puissant, perçu comme le garant de l'unité nationale et de l'intérêt général, seul initiateur de toute action structurante en même temps que producteur et contrôleur de normes. Le chef de l'État, depuis la fondation de la Ve République, en est la pleine incarnation : élu au suffrage universel direct, il concentre le pouvoir d'impulsion, d'arbitrage, de représentation. La « clé de voûte », comme l'a dit son inspirateur. Inévitablement, cette trop grande concentration des pouvoirs conduit à une trop grande concentration des attentes et bientôt des critiques. Cette focalisation rend l'exercice de la fonction présidentielle excessivement difficile et précaire, tout en déresponsabilisant le reste de la communauté politique. L'édifice en devient structurellement fragile, l'affaiblissement d'une seule pièce pouvant dérégler ou bloquer l'ensemble du système décisionnel. L'affaire n'est pas nouvelle : souvenons-nous que, dix années après son retour en grâce et en majesté, le général de Gaulle lui-même dut affronter la fièvre des barricades puis un référendum retourné en plébiscite contre sa personne.

Ce modèle a eu ses vertus en matière de lisibilité, d'efficacité et de continuité. Mais il a aussi ses revers, excédant désormais ses bénéfices : ceux d'un pouvoir qui s'exerce par le haut, de manière largement unilatérale, écoutant peu et ne consultant qu'en y étant acculé. Avec des résultats de plus en plus incertains et de plus en plus contestés. La représentation nationale est, dans ce schéma, souvent contournée, les corps intermédiaires marginalisés, le débat public escamoté. C'est ce que Pierre Rosanvallon nomme une « démocratie d'autorité », surplombante et descendante, pour ne pas dire condescendante, dans laquelle le lien entre gouvernants et gouvernés apparaît surtout formel, résolument asymétrique et même fréquemment instrumental.

Cette verticalité, longtemps assumée et revendiquée, n'est pas seulement institutionnelle, elle est culturelle. Ainsi repose-t-elle trop souvent chez le dirigeant sur une représentation implicite du citoyen, que l'on se figure tour à tour passif, irrationnel, dominé par ses seules émotions ou ses seuls intérêts, capricieux et individualiste. Bref, un citoyen immature. Un être incapable, ou si peu, de discernement, qu'il faut le guider, le protéger, y compris de lui-même, l'encadrer et le surveiller. Puisque l'on doute de sa compréhension, que l'on craint sa réaction, que l'on appréhende sa colère, on préfère le tenir à distance. Y compris de son propre vote parfois comme, il y a tout juste vingt ans, lorsqu'après lui avoir demandé de se prononcer sur un projet de Constitution européenne, il ne fut pas question de tenir compte de son avis. Un épisode qui a constitué une blessure démocratique profonde et a jeté depuis un voile de suspicion sur la sincérité de toute nouvelle initiative consultative. Cynthia Fleury y voit ce que l'on pourrait appeler un « éthos de la suspicion » : un pouvoir qui anticipe la défiance ou la mauvaise foi et qui, par réflexe, adopte une posture défensive, simplifie, opacifie, impose, parfois avec brutalité. Ce style de gouvernance s'est ainsi manifesté lors de nombreux épisodes récents : réformes adoptées en recourant au 49.3, lois élaborées sans concertation réelle, décisions annoncées avant toute discussion. Le « quoi » l'emporte donc sur le « comment » et, pour cette raison même, se heurte à toutes les résistances.

Surtout, cette manière de gouverner conduit à une véritable infantilisation démocratique. Les citoyens sont envisagés comme des administrés davantage que comme des parties prenantes : qu'ils soient destinataires de politiques publiques, d'accord, qu'ils soient acteurs du débat public, n'exagérons rien. Qu'ils réclament un rôle accru et une participation active ne suffit pas à les leur accorder. Chacun a ainsi pu mesurer la frilosité de nos gouvernants à l'occasion de la Convention citoyenne pour le climat. S'il faut grandement se réjouir que cette initiative ait été prise au moment où le pays cherchait à concilier transition écologique et justice sociale, elle s'est heurtée à un écueil majeur dès sa mise en place : la promesse inconsidérée que toutes les propositions seraient reprises « sans filtre », celle-ci était non seulement insoutenable, mais aussi le signe d'un manque de confiance sur la capacité des 150 citoyens porteurs de ces propositions d'entendre que leurs travaux pourraient faire l'objet de discussions, de compromis et d'arbitrages par le pouvoir politique.

À cette pratique de la verticalité d'un pouvoir se considérant comme le seul adulte dans la pièce, s'ajoute une pratique de plus en plus « gestionnaire ». Face à une complexité croissante, caractérisée par l'ampleur des problèmes à résoudre et l'étroitesse des marges de manœuvre, juridiques, économiques comme budgétaires, le politique s'est « technicisé », abandonnant l'ambition volontariste de changer le monde au profit de la nécessité de l'administrer. L'affichage de la maîtrise parfaite des différents sujets, quel que soit leur domaine, est même devenu pour certains leaders politiques, y compris au plus haut niveau, le gage de leur crédibilité, voire une forme de domination.

Dès lors que ce fond culturel nous imprègne en profondeur, une partie du monde de l'entreprise s'y montre elle-même tout à fait perméable. Ici aussi, je l'ai largement mesuré, le pouvoir peut s'exercer dans toute sa verticalité, de façon descendante et excessivement cloisonnée, en plus d'être centrée sur les procédures davantage que sur les personnes. Telle est notre culture managériale encore bien ancrée : à la figure du monarque absolu a longtemps répondu celle du patron de droit divin. Comprenons ici que les patrons ne sont pas directement en cause : il ne s'agit pas de dérives individuelles, même si, dans certains cas, elles peuvent malheureusement exister, mais de pratiques systémiques, pour partie inconscientes et pour partie réfléchies, d'une certaine façon toutes admises.

Dans ce contexte, à quoi bon essayer d'adopter un mode de management moderne, coopératif et misant sur l'autonomie ? Le plus simple reste de fixer seul des objectifs, de les contrôler et d'écarter tout ce qui ne va pas dans le sens décidé par le patron. Comme l'a décrit le psychologue Douglas McGregor deux visions s'opposent : la théorie X est le fruit d'une conception anthropologique, fondée sur l'idée que l'humain évite l'effort, fuit les responsabilités et, ce faisant, a besoin d'être encadré, stimulé, corrigé, peu importe si cela ne favorise ni l'engagement personnel, ni la prise de risque. À l'inverse, sa théorie Y postule que l'individu est naturellement motivé et enclin à prendre ses responsabilités, à condition d'avoir du sens et de l'autonomie, de la considération et un sentiment d'utilité. Mais cette seconde approche reste minoritaire dans les pratiques concrètes. Cette marginalité n'a rien d'étonnant tant cette deuxième voie demande de la volonté et de l'abnégation pour être tracée dans un monde nourri à la verticalité et la défiance. J'ai pu constater moi-même combien le management exige aussi une vigilance constante pour ne pas laisser le goût du contrôle revenir au galop. J'ai vu combien, si l'on n'y prend pas garde, les tableaux de bord, *reporting*, indicateurs et procédures, indispensables par ailleurs, risquent de faire office d'animation du collectif et peuvent perpétuer l'infantilisation et ses travers.

Conjugué à la pression des actionnaires et du marché, ainsi qu'à des formations pour dirigeants insuffisamment ouvertes aux problématiques managériales, cet état d'esprit produit des organisations pyramidales, un fonctionnement par essence non démocratique et un dialogue social vécu comme une contrainte. Ce particularisme du monde du travail a été éclairé par un rapport récent de l'IGAS consacré aux pratiques managériales. Il décrit une réalité préoccupante et spécifiquement française où se combinent faible autonomie décisionnelle, communication descendante et manque de reconnaissance.

Ce système conduit à la domination d'un discours général décourageant sur le travail. Asservissement insupportable devant conduire à sa disparition pour les uns, devoir sacrificiel ne souffrant d'aucune remise en question pour les autres, le travail n'est que trop rarement pensé comme un moyen d'accomplissement et d'épanouissement, source de réalisation de soi et d'engagement. Nous vivons, en quelque sorte, sous le règne d'une « préférence française » pour le mal-être au travail avec, à la clé, un absentéisme, dont la hausse est extrêmement coûteuse, mais que l'on traque pour lui-même et non comme un symptôme. Un mode de fonctionnement qui n'est en rien dans l'intérêt de l'entreprise, qui se place par ailleurs en situation de « qualité empêchée », où l'absence de qualité *au* travail réduit la qualité *du* travail.

Ajoutons une ultime conséquence, et non des moindres, de cette relation au travail en France : un lien nouveau et désormais quasi mécanique s'est installé entre mal-être au travail et mal-être citoyen. Comme l'a démontré le chercheur Thomas Coutrot, le sentiment de manque de considération, d'autonomie et de participation dans sa vie professionnelle, conduit tout droit l'électeur soit à s'abstenir, soit à alimenter le vote extrême.

Une fabrique de ressentiment et de désillusion démocratique

On dit souvent que notre société est gouvernée par la peur. Ce que confirment pourtant toutes les études, c'est d'abord une nette domination de la colère. Colère de la France périurbaine avec les Gilets jaunes, colère de la France des banlieues à l'été 2023, colère du monde agricole, colère du monde du travail et des syndicats à l'occasion de la réforme des retraites. Des colères distinctes et des France elles-mêmes différentes, multipliant les manifestations sur la base d'irritants sans lien, mais qui cheminent dans un même rejet du pouvoir. Et la récupération irresponsable, voire l'amplification, de cette colère par les forces les plus extrêmes du champ politique ne doivent pas nous conduire à disqualifier cette alerte. Par-delà le jeu politique, la société est blessée dans sa dignité, trop souvent humiliée dans son désir de reconnaissance et de participation, mais il est encore possible de mieux la considérer avant qu'elle ne cède à la fureur qu'on peut observer outre-Atlantique, plus destructrice encore que le ressentiment.

Ce ressentiment a été analysé de manière particulièrement éclairante par Cynthia Fleury dans son livre de 2020 *Ci-gît l'amer*[1]. Elle y décrit le ressentiment comme une rancœur prolongée, fruit de blessures continues, en particulier l'humiliation, la déception, l'injustice perçue. Il est, sur le plan collectif, d'autant plus

1. Cynthia Fleury, *Ci-gît l'amer,* Paris, Gallimard, 2020.

persistant qu'il est alimenté par des discours populistes d'attisement de la colère ou de victimisation identitaire, là où une guérison de ce ressentiment nécessiterait de le comprendre et de le reconnaître, de rétablir la confiance et de restaurer la dignité.

Inévitablement cette colère et ces humiliations produisent une défiance à l'égard du « système » qui ruine notre capacité à avancer ensemble. Selon le baromètre du CEVIPOF, moins d'un Français sur quatre déclare désormais faire confiance au gouvernement, proportion qui descend même à un sur cinq pour ce qui concerne les partis politiques. Les syndicats sont dans le même étiage quand les grandes entreprises tirent un peu mieux leur épingle du jeu, avec presque une moitié de Français qui les considèrent favorablement. Mais la démocratie, dans ses modalités actuelles, ne fait plus majoritairement recette, puisque les deux tiers de nos concitoyens considèrent globalement qu'elle fonctionne mal. Ce n'est pas simplement un désaccord sur les orientations, c'est bien une rupture affective avec la manière dont le pouvoir est exercé. Luc Rouban est allé encore plus loin en parlant de « désillusion politique » pour décrire la situation spécifiquement française : alors que nous continuons de nous percevoir comme un peuple éminemment politique, cette représentation de nous-mêmes semble de moins en moins juste. Davantage que nos voisins, nous voyons le pouvoir comme vidé de sa substance, de sa capacité à agir, de son intérêt, au point de souhaiter le tenir à distance de nos vies privées et même de nos choix d'engagement, déportant ces derniers vers d'autres sphères que celle de l'action publique.

Cette singularité conduit à ce que la perte de foi en nos institutions et la paranoïa sociale deviennent une norme collective et le soupçon un trait culturel structurant. Cette « société de défiance », Yann Algan et Pierre Cahuc en ont analysé tous les ressorts il y a déjà près de vingt ans. Alors que nous savons pourtant ce qu'elle coûte en adhésion démocratique, en lien social et en efficacité économique, par la norme qu'elle génère, le surcontrôle qu'elle instaure, l'étroite décentralisation et la faible coopération qu'elle autorise. Un cercle vicieux fait de comportements de repli ou de contournement d'un côté, de régulation tatillonne en face de la part d'un État soupçonneux, alimentant une logique autodestructrice : la défiance entraîne davantage de contrôle, qui déclenche des stratégies d'évitement, qui augmentent la défiance, qui génère de nouvelles contraintes et ainsi de suite.

Et si la crise démocratique existe partout, les comparaisons internationales nous sont, en la matière, redoutablement défavorables, que l'on regarde du côté des pays scandinaves, caractérisés par un haut niveau de confiance sociale et de redistribution, ou des États-Unis, où la confiance envers le marché et les individus est très développée. A contrario, nous sommes, nous, devenus très sceptiques face aux vicissitudes du marché, aux lourdeurs de l'État providence, à l'individualisme présumé de nos semblables et aux défaillances de nos élites. Cette défiance à 360° vis-à-vis du présent se double d'une peur, généralisée, du futur. Comment, en effet, imaginer, dans ces conditions, que nous soyons collectivement en train de poser les bases d'une démocratie plus mature, plus adulte au service d'un monde qui puisse être meilleur demain ?

Faire autrement : le pouvoir adulte est d'abord une pratique

Mais d'abord, qu'est-ce qu'être adulte ? C'est sans doute, dans un même mouvement, l'acceptation de sa finitude, la reconnaissance lucide de ses limites, du fait que l'on n'est ni tout-puissant, ni le centre du monde, mais aussi la pleine conquête de son autonomie, le passage à l'exercice complet de ses facultés. La responsabilité et la liberté. La patience et la volonté. C'est une force qui n'est ni chaotique, ni statique. Malgré sa richesse et son importance, cette période de la vie est rarement l'objet du débat public, contrairement à l'enfance et ses promesses, l'adolescence et sa fougue ou la vieillesse et ses vulnérabilités. Un manque d'intérêt qui dit en creux notre difficulté à penser cet âge qui est pourtant celui de la prise en charge de la complexité du réel. Une carence qui n'est peut-être pas sans lien avec notre façon d'aborder le pouvoir et que nous devons essayer de combler.

Nous ne pouvons rester prisonniers d'un fonctionnement démocratique infantilisant et sous-performant. Outre qu'il génère ressentiment et désaffection, il réduit nos chances de relever les défis du siècle faute d'un minimum de concorde, de courage et d'engagement. Beaucoup le savent et proposent, à juste titre, des réformes pour moderniser l'organisation de nos institutions politiques. Mais je crains que cela ne soit insuffisant. L'émergence d'une démocratie adulte dépendra d'abord d'une culture politique nouvelle, d'une disposition d'esprit, d'un *habitus* différent au sein de la classe dirigeante. C'est avant tout l'attitude des décideurs, politiques, économiques, sociaux et médiatiques qui rendra possible la naissance d'une authentique culture de l'attention, de la considération, puis de la coalition, de la coopération et du compromis sans laquelle rien n'adviendra de durable. Ce changement est indispensable et je suis convaincu qu'il est possible. Indispensable parce que l'époque le demande et que l'on ne pourra ni reconstruire une appartenance solide, ni apaiser notre rapport au pouvoir sans lui. Possible, parce qu'au travers d'une brume anxiogène, on peut entrevoir, par touches, des expériences politiques comme entrepreneuriales qui donnent à voir un exercice du pouvoir mature, source de résultats prometteurs.

Je le dis avec d'autant plus de conviction que j'ai moi-même connu, il y a plus de dix ans, une bascule dans ma compréhension du rôle de dirigeant. Longtemps convaincu que ma fonction première était de fixer des objectifs de performance et d'en contrôler le respect, j'ai fini par réaliser ce que cette recette avait de contre-productif. Cette voie ne pouvait mener qu'à une baisse de l'engagement collectif, à un absentéisme et un turn-over croissants, c'est-à-dire à une dégradation de ce que notre entreprise avait à offrir. Pour ne pas péricliter, nous avons donc opéré un changement conceptuel complet : le salarié ne serait plus une variable d'ajustement, mais le cœur de l'organisation, une fin et non un moyen. Et mon rôle de dirigeant ne serait plus de contrôler, mais de servir. J'ai compris ce jour-là que mon plus grand apport à l'entreprise serait de créer les conditions de l'épanouissement et de l'accomplissement, de motiver, de stimuler, de libérer les potentiels. Cette rupture intime, d'une conception du pouvoir surplombante et dirigiste à une approche servicielle et libératrice est la première condition d'émergence d'une nouvelle pratique du pouvoir.

Reste ensuite à l'ancrer concrètement et durablement. Quatre impératifs successifs me semblent se dégager pour permettre cette traduction en actes : l'humilité, la considération, la confiance et le partage.

L'humilité est avant tout un rapport à soi-même. C'est la reconnaissance lucide de ses limites, du fait que l'on n'est ni tout-puissant, ni le centre du monde.

Sa traduction première est l'acceptation de bornes posées à son propre pouvoir. Rien de pire qu'un responsable politique qui mette en doute la légitimité de la Constitution, de l'État de droit, ou les décisions des juges: c'est ce qui arrive trop souvent en France et qui, ailleurs, a conduit ultimement à l'assaut du Capitole aux États-Unis en 2021 ou l'instauration temporaire de la loi martiale en Corée du Sud en 2024. S'il n'y a encore rien de comparable en France, on ne peut que regretter les propos de responsables politiques allant à l'encontre de notre édifice constitutionnel en ce qu'ils affaiblissent ce qu'il reste de sacré dans notre société sécularisée. L'émergence d'une démocratie adulte est aussi l'affaire des contre-pouvoirs.

L'humilité doit également conduire à savoir s'entourer et valoriser des profils différents du sien. Les plus grandes parité et diversité au sein des instances de pouvoir, même si elles demeurent insuffisantes, ont contribué à moderniser l'art de diriger. Non pas que les individus devraient être réduits à leur essence, et qu'une femme, par exemple, dirigerait nécessairement autrement qu'un homme, mais, tout simplement, l'altérité empêche l'entre-soi et l'appauvrissement qui en découle. De même, ce n'est pas du tout la même chose pour un dirigeant d'entreprise de devoir rendre des comptes uniquement à ses actionnaires ou d'avoir à intégrer aussi via des conseils d'administration élargis, ou des comités ad hoc, l'avis de ses salariés, clients, ou même des représentants d'ONG.

L'humilité pour un dirigeant consiste enfin, parfois, à reconnaître ses vulnérabilités. À l'occasion de la crise sanitaire liée au covid, nous avions ainsi pu observer un Premier ministre annonçant « ce qu'il sait et ce qu'il ne sait pas ». Un tel pouvoir n'est en aucun cas plus fragile : il donne à voir, au contraire, sa lucidité et sa confiance placée en une opinion mature.

Vient ensuite le temps de la considération, du respect, seuls capables d'apaiser une vie démocratique qui exige une égale reconnaissance de ses membres. Chez Rousseau, déjà, cette attente est centrale, indissociable de la vie en société : « Sitôt que l'idée de la considération fut formée dans leur esprit, chacun prétendit y avoir droit et il ne fut plus possible d'en manquer impunément pour personne. » Sans l'estime des autres et particulièrement celle des détenteurs du pouvoir, il n'est pas d'estime de soi possible. Au moteur matérialiste de l'histoire marxiste, le philosophe allemand Axel Honneth oppose une lutte, non pas des classes, mais justement pour la reconnaissance à laquelle chacun aspire. Les contestations sociales se font alors autant au nom de cette reconnaissance symbolique que d'une redistribution économique.

À ce titre, comment nier que la mobilisation de millions de Français dans le cadre d'un « grand débat », permettant de noircir des milliers de cahiers de doléances pour, in fine, ne rien en faire, relève d'un dangereux manque de respect et de considération? Les chercheurs qui ont pu consulter ces cahiers ont pourtant souligné avec quel sentiment de solennité et d'espérance les contributeurs avaient abordé cet exercice.

S'ensuit le stade libérateur de la confiance placée spontanément en l'autre, le citoyen comme le salarié, comme un parti pris épistémologique. Un lâcher-prise qui peut inquiéter quiconque privilégie une vision pessimiste de la nature humaine. L'expérience montre pourtant que, notamment dans l'entreprise que j'ai la chance de diriger, le management par la confiance produit des résultats puissants. Le don contre don, tel que l'a conceptualisé Marcel Mauss appliqué méthodiquement au monde du travail, permet de dépasser l'antagonisme des intérêts – ceux de l'entreprise, de ses salariés, de ses clients et de la société – pour parvenir à leur alignement. À nos dirigeants d'accorder au corps civique la confiance qu'eux-mêmes lui demandent à chaque échéance électorale. Cette confiance, c'est la main tendue aux corps intermédiaires, aux entreprises, aux associations, aux collectivités locales dans la construction et le pilotage des politiques publiques. Et la société civile, bien sûr, doit être à la hauteur de cette confiance en prenant pleinement ses responsabilités et en contribuant à l'émergence de compromis plutôt qu'en étant dans une posture de revendications inaccessibles.

La question des contrôles d'identité est emblématique de ce qu'engendre une posture de défiance a priori. Peu de statistiques existent sur le sujet, toutefois, une étude conduite par le Défenseur des droits, datant de 2017, met en évidence que les jeunes hommes de 18 à 25 ans « perçus comme noirs ou arabes » sont vingt fois plus contrôlés que le reste de la population. La Cour européenne des droits de l'homme a condamné la France pour contrôles d'identité discriminatoires le 26 juin 2025. Le Conseil d'État avait déjà reconnu l'existence de telles pratiques ne se limitant pas à des cas isolés. D'ailleurs, en 2021, la Cour des comptes évaluait le nombre de contrôles réalisés à 47 millions par an. Il est difficile d'imaginer que les personnes concernées ne se sentent pas rejetées et que l'on n'aille pas ainsi totalement à l'encontre de la possibilité même de volonté de vivre ensemble. On ne peut pas dénoncer le risque d'un communautarisme au sein de notre société et, dans le même temps, créer les conditions de son développement.

Un plus grand partage du pouvoir est enfin la meilleure manière d'ancrer cette culture dans notre démocratie. Le partage est souvent associé à une perte de contrôle peu compatible avec la gestion des affaires d'un monde toujours plus complexe. Mais il s'agit, là encore, de lunettes infantilisantes conduisant à une vision binaire du partage du pouvoir. De la simple consultation jusqu'au référendum, tout un chacun est capable de saisir les nuances du partage du pouvoir et de s'y tenir. Inutile donc de craindre une révolution ou un blocage à chaque innovation démocratique, dès lors que le contrat de départ est clair et respecté jusqu'au bout.

Au sein de notre entreprise, c'est de cette manière que nous avons introduit la « convention salariée » que nous avons organisée sur le thème de l'IA générative et de ses répercussions sur nos métiers. Ses participants ont eu une pleine compréhension des rôles de chacun, entre une convention mobilisée pour éclairer les choix possibles et une direction générale non contestée dans sa légitimité à trancher les options mises sur la table. Le seul engagement pris était d'étudier chacune de leur proposition et de revenir vers eux pour leur expliquer comment elles seraient mises en œuvre et, le cas échéant, pourquoi telle ou telle ne pouvait être retenue. Diriger de façon moderne et efficace n'est pas substituer l'horizontalité à la verticalité, mais bien articuler les deux.

À l'échelle nationale, le débat autour de la question de la fin de vie illustre parfaitement cette mécanique vertueuse. Quelle a été la recette du succès ? D'abord une convention citoyenne réussie. Peut-être parce que le politique l'a abordée avec davantage de retenue que la convention climat en s'abstenant de promettre une transmission « sans filtre », mais aussi parce que les conventionnels se sont rapidement entendus autour du principe « *agree to disagree* » ou de « tolérance à la divergence ». Face à l'impossibilité d'obtenir un avis unanime, la convention a acté que le rapport final serait le fruit d'un vote majoritaire, mais donnerait aussi à voir les positions minoritaires, 23 % des conventionnels s'étant prononcés contre l'ouverture de l'aide active à mourir et, à l'opposé, 20 % souhaitant l'ouvrir sans autre condition que la volonté du patient. Cette ouverture d'esprit s'est transmise aux parlementaires qui, face à la gravité du sujet, ont su se laisser la possibilité de changer d'avis, de dépasser les clivages et de respecter les opinions contraires, ce qui a conduit, in fine, au vote apaisé d'un texte reprenant l'essentiel des propositions de la convention. N'est-ce pas là un magnifique exemple de maturité démocratique ?

L'humilité, la considération, la confiance et le partage dans l'exercice du pouvoir apparaissent ainsi comme les conditions d'émergence d'une démocratie adulte authentique. Reste néanmoins un dernier élément pour installer cette culture à travers le temps, celui du moment décisif de la succession. On touche ici à la question sensible de la transmission, qui implique pour un dirigeant de prévoir sa propre fin et l'abandon du pouvoir. Ou comment penser le pouvoir après soi. Par peur de ce moment ou par certitude d'être irremplaçable, nombreux sont les patrons ou politiques qui ont ignoré la question de leur succession, se sont abstenus d'édicter une doctrine ou une vision qui leur survivrait et ont refusé de préparer leur succession. L'acharnement d'un Joe Biden à maintenir une deuxième candidature présidentielle malgré la détérioration de ses conditions physiques et psychiques aura évidemment contribué à la défaite du camp démocrate en 2024.

L'émergence de cette culture nouvelle est, à mes yeux, indispensable et possible. Faisons le pari qu'en retour l'individu enfin considéré en adulte assumera pleinement sa responsabilité citoyenne en s'extrayant de sa condition de sujet, qu'il échappera au ressentiment et s'ouvrira à la construction. C'est l'aboutissement logique de la modernité. Le but de la civilisation issue des Lumières, de l'éducation, de la raison est bien de nous défaire des fragilités de l'enfance de la démocratie pour nous faire enfin accéder à l'autonomie morale et politique. Non pas pour croire en notre toute-puissance, mais tout simplement pour entrer dans un lien à l'autre qui ne sera ni dépendance, ni domination, mais une sereine et constructive interdépendance, d'adultes à adultes.

3
Changer de perspectives

L'exercice adulte du pouvoir repose enfin sur la définition de finalités nouvelles à l'action publique. Si la perspective ultime de la politique reste la gestion du court terme, la seule adaptation aux contingences et la performance pour la performance, alors un changement de récit et de pratiques ne suffiront pas. Face à des crises sociales, écologiques et démocratiques inédites, la maturité du pouvoir réside, aussi, dans la lucidité et la volonté de répondre aux aspirations les plus fondamentales, d'interroger les choses les plus apparemment établies et de prévenir les risques les plus grands.

Gouverner ne peut se réduire à des réponses immédiates aux tactiques électorales ou aux contraintes économiques, même si ces dernières ne sauraient être négligées, mais doit se traduire par des réponses de long terme aux défis considérables auxquels nous sommes confrontés.

Nous sommes entrés dans une nouvelle ère, qui nous fait passer d'un néolibéralisme encadré par des normes à une confrontation globale sans règles. En quelques mois, Donald Trump a fait voler en éclat les alliances établies, les règles du droit international et impose au monde un rapport de force brutal, qui ne cherche plus à se masquer. Nous devons préserver notre propre modèle, en interne pour se prémunir d'une crise sociale qui menace de se transformer en crise de la démocratie, et à l'égard du reste du monde en prenant conscience des nouveaux rapports de force et en nous protégeant enfin face aux prédateurs.

Je crois, pour ma part, bien que dirigeant un groupe soumis à une concurrence intense et mesurant parfaitement les contraintes auxquelles nos entreprises sont confrontées, que trois types d'objectifs devraient être prioritairement considérés par les décideurs publics pour nous faire entrer dans une ère nouvelle : la préoccupation du bien-être, la recherche de la sobriété et l'affirmation d'une souveraineté européenne nous permettant de poursuivre notre propre modèle de civilisation.

La délicate question du bonheur

Le paradoxe qui étreint notre démocratie est singulier : nos libertés et notre prospérité, dont la progression quasi continue a constitué la promesse tenue du XXe siècle, ont atteint des niveaux sans équivalent dans notre histoire sans pour autant générer une large approbation. Alors que nous n'avons jamais été aussi riches, aussi éduqués, aussi protégés qu'aujourd'hui, jamais nous n'avons été autant traversés par le doute, l'anxiété et le ressentiment. Partout, les signes de malaise et même de mal-être se multiplient, notre modèle démocratique et notre modèle économique et social produisant davantage de frustration et de désillusion que de satisfaction.

Ce mal-être est général : il touche les jeunes comme les plus âgés, les classes moyennes comme les plus précaires, les cadres et les ouvriers. Il ne relève pas d'une crise de la « santé mentale », même si cette problématique a récemment fait l'objet d'une reconnaissance spectaculaire et légitime dans le débat public. Car une société qui ne sait plus dire vers quoi elle tend, ni pourquoi elle agit est une société qui logiquement s'épuise, prise dans la répétition de ses propres mécanismes, sans espoir ni horizon.

Il est temps d'admettre que nous avons trop longtemps confondu l'élévation du niveau de vie avec celle du niveau de bonheur. Cet amalgame est ancien, mais il a été érigé en dogme au sortir de la Seconde Guerre mondiale, avec l'essor de l'économie de marché et de la consommation de masse, intronisant la croissance comme objectif absolu des actions humaines en général et de nos politiques publiques en particulier. L'augmentation du PIB est alors devenue la mesure-reine du progrès, permettant dans les faits d'améliorer les conditions matérielles d'existence, de réduire la pauvreté absolue, de financer une protection sociale élargie et des services publics étendus. Remarquable bilan. Que cela tienne à son ralentissement actuel, à la satisfaction avancée de nos besoins, à l'inégale répartition de ses fruits ou à son incompatibilité désormais reconnue avec les limites planétaires, la croissance n'est pourtant plus aujourd'hui, comme elle le fut hier, un eldorado, a fortiori si elle ne constitue même pas une garantie de bonheur.

Les études illustrent parfaitement ce que les économistes nomment le « paradoxe d'Easterlin » : au-delà d'un certain seuil de richesse matérielle, le lien entre revenu et bonheur s'atténue fortement. Soit la confirmation du vieil adage populaire selon lequel « l'argent ne fait pas le bonheur », du moins à partir d'un certain niveau de revenus, tant il est, évidemment, impossible d'être heureux dans le combat permanent qu'impose la précarité. Une forme de bon sens, sans doute : à quoi bon accumuler davantage si cela s'accompagne d'un stress généralisé, d'une compétition brutale et injuste, d'un horizon brouillé ?

Cette dichotomie entre bien-être matériel et bien-être tout court prend même toute sa dimension lorsque l'on procède à quelques comparaisons internationales. Si l'on questionne les populations de pays, tels que le Costa Rica, la Finlande, les États-Unis ou la France, la qualité de vie y est jugée similaire alors que des écarts de un à quatre caractérisent leurs niveaux de richesse respectifs.

Concrètement, la financiarisation et la mondialisation accélérées de notre économie depuis les années 1980, au nom de la conquête de marchés et du pouvoir d'achat, ont aussi produit désindustrialisation et chômage. L'ubérisation de pans entiers de nos vies, si elle a généré des services d'une très grande efficacité, a aussi conduit à une croissance des emplois à la tâche, précaires, sans protection, ni reconnaissance. Même le travail salarié ne permet plus, sauf exception, de changer de condition, et l'on constate, pour ses enfants, que l'ascenseur social est bloqué. Quand je suis né, le patrimoine des Français était constitué aux deux tiers du fruit de leur travail et pour un tiers d'héritage reçu. Aujourd'hui la proportion est inverse. Lorsque « l'héritocratie » remplace la méritocratie, c'est l'un des plus puissants moteurs de la société qui est en panne. À chaque fois, des choix collectifs opérés au nom d'une rationalité propre ont négligé les conséquences associées pour un grand nombre de vies, de destins individuels.

L'ultra-consommation n'apporte pas la paix intérieure, ne renforce pas le lien social, ni ne nourrit le sentiment d'utilité. Elle s'accompagne, au contraire, de solitude, de standardisation, de dépendance. Nous confrontant à l'absurdité et à la futilité de nos comportements, elle relève d'une forme d'addiction en même temps qu'elle engendre de la frustration. Surtout, nul ne peut ignorer qu'elle nous conduit à un chaos écologique aux conséquences dramatiques. Si la croissance n'est pas aujourd'hui synonyme de bien-être, elle pourrait l'être demain de chaos si nous ne parvenons pas à la réguler. Il nous faut par conséquent sortir de cette spirale mortifère.

La limite principale au retour de la quête du bien-être en politique est connue : se préoccuper du bonheur de ses concitoyens serait aussi naïf que dangereux. Naïf car la quête de félicité serait insatiable, propre à la sphère privée, vaine au cœur d'un monde essentiellement conflictuel et brutal, et conduirait nécessairement à une forme de démagogie, venant sacrifier le long terme sur l'autel des caprices court-termistes de nos concitoyens. Dangereux, car l'histoire est riche de périodes tragiques au cours desquelles un pouvoir despotique a prétendu faire le bonheur de son peuple. Poursuivre une telle ambition a pu être dangereusement totalitaire.

Mais à l'inverse, le manque d'adhésion d'une population aux orientations de ses dirigeants et, a fortiori, son ressentiment à leur encontre constituent non seulement la marque d'un échec pour un pouvoir démocratique, mais, surtout, un frein puissant à toute volonté de réforme. Paradoxalement, c'est l'insuffisance de préoccupation à l'égard du bien-être des personnes qui paralyse l'action publique et empêche toute préparation de l'avenir. Il s'agit, donc, de reconnaître que des politiques publiques, des institutions et des environnements professionnels ont un impact sur le bien-être de chacun. Aussi, s'ils n'ont pas à s'immiscer dans la sphère privée du bonheur individuel, ni a fortiori à imposer un bonheur monochrome, ils doivent créer les conditions d'un mieux-vivre pour chaque individu tant pour des considérations évidentes d'éthique élémentaire que pour le souci d'une plus grande efficacité.

Ce changement est possible. J'ai pu constater la puissance de cette recherche assumée du bien-être dans l'entreprise. J'ai déjà décrit ce qui constituait à mes yeux un management moderne, parce que plus humble, plus horizontal, plus partagé. Mais une évolution des pratiques ne suffit pas. C'est l'objectif qu'il faut changer pour véritablement entrer dans un nouveau modèle de développement, plus humain, plus soutenable et plus performant. Voilà pourquoi, il y a dix ans, l'entreprise que je dirige a fixé comme objectif principal à ses managers l'épanouissement de leurs équipes. Un épanouissement qui ne se résumerait pas à un niveau toujours plus élevé de confort, mais qui serait synonyme d'accomplissement professionnel et deviendrait bien une nouvelle boussole collective. Dix ans après, je ne peux que constater que lorsque chacun trouve un sens à son action, peut être légitimement fier de ce qu'il produit ou du service qu'il fournit, dispose de marges de manœuvre enrichissant l'intérêt de son travail et lui montrant que l'entreprise lui accorde sa confiance, et évolue dans un environnement sécurisant et bienveillant, alors non seulement son travail devient une source puissante de satisfaction, mais aussi d'une motivation, une envie, décuplées, qui alimentent l'engagement personnel et la performance collective.

Quel bilan tirer de cette bascule ? Ce modèle nous a permis de nous maintenir à la première place de la relation client depuis vingt et un ans, générant des économies considérables sur les dépenses commerciales qu'il nous faudrait sinon engager pour remplacer les clients évaporés chaque année et, corrélativement, de faire progresser le nombre de nos sociétaires de plus d'un demi-million en dix ans et notre chiffre d'affaires, passé de 3,3 à 5 milliards d'euros. L'épanouissement de nos salariés n'est donc ni un gadget ni un coût, mais, au contraire, l'une des clés essentielles de notre succès.

Évidemment, placer l'épanouissement de l'ensemble des équipes au cœur de la stratégie de l'entreprise et de toute décision est hautement exigeant. Et si personne ne peut être contre dans le principe, cette posture heurte toujours des croyances, contrevient à certains réflexes, peut déstabiliser certains échelons managériaux dont la manière de faire doit être revisitée. Cela nécessite donc d'expliquer largement la vision pour qu'elle soit pleinement partagée et efficacement relayée, une vigilance constante quant au respect des valeurs, une intransigeance également lorsque la confiance et la liberté accordées sont détournées, sans quoi la pérennité du système s'en trouve menacée. Il faut, en outre, se surveiller soi-même, car notre culture, profondément ancrée, peut raviver périodiquement la tentation de la verticalité et du contrôle, tant la société, à travers les injonctions qu'elle nous lance, peut nous y ramener. Il faut donc en permanence slalomer pour éviter les deux écueils qui, toujours, nous guettent : celui de la démagogie, qui conduit à faire plaisir et à flatter à rebours de tout esprit de responsabilité ; celui par ailleurs de la méfiance et de l'infantilisation, qui conduit à surveiller et à contraindre et peut redevenir un réflexe lorsque le contexte économique est défavorable. S'en tenir à cette exigence managériale réclame donc, en toutes circonstances, de la lucidité, de l'humilité et, paradoxalement, une forme de courage.

Le passage d'une telle démarche à l'échelle d'une nation et sa traduction en politiques publiques, sont, bien sûr, loin d'être évidents. Pour l'essentiel, il s'agit d'un regard nouveau. Il implique a minima un changement dans la définition de nos objectifs communs, passant de la poursuite de la seule performance de notre pays à la préoccupation concomitante du bien-être de tout un chacun. Considérer que le bonheur compte, c'est se poser la question des conséquences humaines de nos grandes orientations, c'est lever la tête suffisamment souvent pour se demander si ce que nous poursuivons comme des évidences génère un véritable mieux-être dans la société.

C'est mettre cet impensé à l'agenda des décideurs. C'est aussi faire évoluer notre boussole. Ainsi, du Bhoutan, qui fut pionnier avec son « BNB » – pour « Bonheur national brut » –, de la Nouvelle-Zélande, qui a adopté, en 2019, un budget centré sur des indicateurs de bien-être, ou encore de l'OCDE, qui promeut depuis plusieurs années un tableau de bord alternatif à la seule croissance, avec son cadre « *Better Life* ». Il est anecdotique peut-être, tant la doxa macro-économique demeure aujourd'hui encore intangible, mais symbolique et avant-coureur sans doute, de voir le logiciel commencer à évoluer au cœur même de la pensée occidentale.

Sans renoncer aux attributs de notre puissance, nous ne pouvons donc continuer de placer au second plan les répercussions sociales et humaines de nos décisions. Car nous le savons, l'accumulation de ces écueils ne peut conduire qu'à de nouvelles crises politiques funestes pour notre pays. La préoccupation du bien-être n'est donc pas un luxe moral ni un supplément d'âme. Il est en réalité une condition stratégique, sociale et politique pour faire face aux défis du temps. L'individu qui va bien est un travailleur plus créatif, un citoyen plus engagé, un parent plus disponible. Il ne s'agit pas de promettre une félicité généralisée, mais de bâtir un cadre collectif qui favorise ce que les philosophes, Aristote en tête, appelaient l'*eudaimonia* : la pleine réalisation de soi dans la cité.

La sobriété, passer du « toujours plus » au « beaucoup mieux »

S'assigner le bien-être comme finalité politique et sociale oblige à penser l'environnement dans lequel ce bonheur est censé s'épanouir. Or, on bute là, d'emblée, sur une évidence : le bonheur est impossible dans un monde invivable. Car un bien-être fondé sur un simple individualisme consumériste et l'exploitation infinie des ressources est désormais un mirage, qui laisse derrière lui une planète en surchauffe, des sociétés en tension et des individus en perdition.

Dans le même temps, la perspective de décroissance peine à convaincre, tant elle ne parvient pas à trouver une traduction opérationnelle sur le plan économique et acceptable sur le plan social. Si les théories de la décroissance ont le mérite d'avoir été parmi les premières à proposer une alternative, elles ne parviennent que difficilement à proposer une application politique concrète. Surtout, on a encore du mal à mesurer les implications de cette approche, que ce soit en matière de transition apaisée et démocratique vers ce nouveau paradigme, ou plus prosaïquement en matière de financement d'un modèle social reposant aujourd'hui essentiellement sur la croissance. À cela s'ajoute une défiance technologique aiguë, alors que l'innovation, si elle n'est pas la panacée, a malgré tout un rôle décisif à jouer dans la transition, notamment en matière énergétique.

L'urgence à agir pour maintenir un monde vivable nous impose de ne surtout pas ignorer ces considérations pratiques et de trouver un chemin réaliste pour maintenir un monde vivable, écologiquement, mais aussi socialement et politiquement. Une voie se dessine : celle de la sobriété, pour remettre les choses en ordre en rompant avec la logique de prédation qui s'impose sur le plan mondial, tout en traçant une voie pragmatique. La sobriété est un équilibre qui consiste non pas à faire unilatéralement moins, mais à faire mieux, à partir de la situation actuelle pour construire un nouveau rapport aux choses, au temps, aux autres. Une manière d'habiter le monde sans le détruire, d'agir sans s'user, de consommer sans gaspiller.

Il nous faut d'abord penser au-delà de l'horizon exclusif et finalement récent de la croissance, puisqu'elle ne débute véritablement qu'au XVIIIe siècle avec le décollage rapide de l'Europe. Mais pour récente qu'elle soit, le récit qui lui est associé est en revanche d'une telle puissance qu'il nous semble impossible de le dépasser tant le développement économique a non seulement permis de transformer nos conditions de vie, mais également d'asseoir une forme de suprématie de l'Occident pendant longtemps. Selon la formule célèbre attribuée à Frederic Jameson : « Il est plus facile de penser la fin du monde que la fin du capitalisme. » Et chacun y trouve son intérêt : les entreprises, enclines à maximiser leurs bénéfices, les ménages, soucieux d'augmenter leur pouvoir d'achat, l'État, pour lequel la croissance est le moyen le plus indolore de limiter ses déficits et de contenir sa dette.

Pire, si la croissance constitue un mythe puissant, mais récent, la domination de l'homme sur la nature a, quant à elle, des fondements, encore plus anciens et plus profonds. Un fondement religieux et philosophique, d'abord, de l'Ancien Testament : « Soyez féconds, multipliez, remplissez la terre et soumettez-la, dominez sur les poissons de la mer, les oiseaux du ciel, et tout animal qui se meut sur terre », jusqu'à la révolution cartésienne. Fondement utilitariste aussi, la terre devenant un facteur de production comme un autre, au même titre que le travail et le capital.

Pourtant, chez de nombreux penseurs depuis l'Antiquité, la question du lien entre bonheur et accumulation a été clairement posée. Chez Aristote, déjà, existe la distinction entre la chrématistique naturelle et la chrématistique artificielle ou commerciale. La première décrit l'activité économique nécessaire à la vie et à l'organisation de la cité. La seconde consiste en la recherche illimitée du profit et de l'accumulation pour elle-même. La chrématistique naturelle s'approche ainsi de la sobriété, associée à l'idée de frugalité, de modération et de tempérance. Soit un moyen d'accéder au bonheur par un refus de l'accumulation de richesse, qui sera ensuite encore conforté par le Christianisme. À ceux qui continueraient de voir la sobriété comme punitive, il y a sans doute lieu de rappeler qu'elle nous permettrait justement, en rompant avec la surabondance, d'éviter une pénurie généralisée, autrement plus restrictive. Un juste milieu donc, là encore, entre deux excès opposés, comme une pleine illustration d'une société adulte et responsable.

L'Ademe a documenté la traduction opérationnelle de la sobriété, en échafaudant quatre scénarios – du plus « techniciste » au plus sobre – permettant d'atteindre la neutralité carbone en 2050. Avec une conclusion claire et de nature à rassurer les plus sceptiques : aucun des quatre scénarios en question, pas même le plus sobre, ne conduit à une récession.

Au contraire, une hausse de l'activité s'observe dans tous les cas de figure, notamment par une relocalisation poussée de nombreuses productions, à commencer par le remplacement des énergies fossiles importées par des énergies renouvelables locales. La sobriété n'est donc pas la décroissance, mais ouvre la voie à un autre développement.

Bien sûr, à grands pouvoirs, grandes responsabilités et ce passage à une sobriété voulue et non subie ne peut pas reposer prioritairement sur les épaules des individus, et a fortiori des plus modestes. C'est bien à la puissance publique par sa force d'impulsion, au monde économique par sa capacité d'investissement et d'innovation, et également aux plus riches d'entre nous, disposant de moyens suffisants, d'enclencher le mouvement et de faire l'essentiel du chemin. C'est autant une question d'équité que d'efficacité, sans lesquelles une transition apaisée n'adviendra pas.

Le monde économique se préoccupe déjà de sobriété, si l'on considère sa recherche permanente de coûts maîtrisés. Elle a même pris, récemment, une nouvelle dimension avec la sobriété énergétique, rendue impérative par le contexte né de l'invasion de l'Ukraine par la Russie et devenant l'expression d'un réalisme environnemental en même temps que géopolitique, en cherchant à réduire à la fois sa facture, son bilan carbone et sa dépendance vis-à-vis de ses fournisseurs.

Les assureurs mesurent mieux que d'autres que l'enjeu est considérable sur le plan économique. Confrontés depuis déjà plusieurs décennies à la progression des catastrophes climatiques, ils savent que demain, et même déjà aujourd'hui dans certaines régions du globe, y compris aux États-Unis, des territoires entiers vont devenir inassurables tant la fréquence et l'intensité de ces évènements augmentent rapidement. Derrière cette difficulté, c'est la possibilité même d'habiter ces terres qui est en jeu. Le recul du littoral en est l'exemple le plus évident. Derrière ces bouleversements, extrêmement rapides, sont en jeu à la fois la vie quotidienne des personnes concernées, des mouvements migratoires jamais connus à une telle échelle, et, au sein même de notre société, des destructions de richesse socialement et politiquement insoutenables.

Mais la véritable bascule se fera si la sobriété parvient à être mise au cœur de la stratégie des entreprises, y compris lorsqu'il s'agit pour elles de vendre un produit ou un service. Suicide économique que de prôner cette sobriété commerciale, qui consisterait à renoncer à certaines transactions ou certains marchés ? Au contraire, l'enjeu devient d'adosser la performance de l'entreprise à sa résilience.

Comme pour le bien-être, il faut affirmer avec force que la sobriété n'est pas l'ennemie de la performance. Elle en est même, dans certains cas, la condition. Cela ne signifie pas renoncer au business, mais questionner les pratiques qui poussent à la surconsommation : obsolescence programmée, marketing plus ou moins trompeur, culture du besoin artificiel. Certaines entreprises l'ont compris : dans le secteur de la mobilité, de l'alimentation, de l'énergie, des acteurs réinventent leurs modèles autour de la durabilité. Ils privilégient la longévité au volume, l'usage à la possession, la qualité à la quantité. Ils expérimentent de nouveaux indicateurs, comme l'impact carbone évité, la satisfaction réelle, la fidélité fondée sur la confiance et non sur la dépendance.

Plutôt que d'être celle du gigantisme, de l'épuisement des ressources ou de l'hypercomplexité ; la performance du futur pourrait devenir celle de la résilience, de la robustesse, de l'utilité sociale. Comment y parvenir ? D'abord en adoptant une philosophie du juste besoin, sans chercher à générer incessamment, et artificiellement, de nouveaux désirs. Fonder sa réputation sur une relation de confiance avec ses clients, qui ne se sentent pas d'abord visés au portefeuille, est une réflexion de bon sens. C'est notamment ce qui motive nombre d'entreprises ayant fait le choix de boycotter le *Black Friday*, pure incitation à la consommation sous couvert de fausses bonnes affaires. Mettre de la sobriété dans sa relation client, c'est, à l'image de Patagonia, proposer un service de réparation gratuit et illimité pour ses vêtements, sans chercher à renouveler les garde-robes à chaque nouvelle saison, ou, à l'instar de Loom, ne proposer que des vêtements plus durables pour éviter leur renouvellement trop fréquent. Le contraire de Shein et de la fast-fashion. Sobriété commerciale encore, lorsque la MAIF décide de supprimer la rémunération variable individuelle de ses commerciaux sur les ventes qu'ils font, pour encourager un conseil allant dans le sens des intérêts de l'assuré plutôt que de l'entreprise. Ce qui lui coûte certes en première approche, mais rapporte dans la durée, en matière de fidélisation des sociétaires. De tels exemples offrent déjà la preuve que la sobriété peut être, pour demain, une version repensée de la rentabilité d'hier.

Le véritable enjeu est là : passer d'un imaginaire reposant sur l'accumulation à un imaginaire fondé sur la qualité. Il ne s'agit plus de produire plus, mais de produire mieux. Il ne s'agit plus de croître à tout prix, mais de croître avec un sens, un cap, un équilibre. Cela suppose une évolution culturelle, une éducation à d'autres valeurs, un leadership capable de tenir ce cap dans la durée. Cette sobriété est d'ailleurs multiforme, illustrant ce qu'elle constitue d'une démarche globale. Elle est énergétique, bien sûr, mais aussi économique, sociale, cognitive. Elle invite à sortir de l'infobésité, de l'injonction permanente à la présence, de la tyrannie de l'urgence. Elle valorise la lenteur choisie, le travail bien fait, la réciprocité, la coopération, la qualité de vie plutôt que le seul rendement. Surtout, elle ne diminue en rien l'aventure humaine ni la liberté individuelle, mais nous ouvre au contraire de nouveaux champs de progrès en nous libérant des injonctions insoutenables à la surconsommation et à l'ultra-performance. En ce sens, elle est l'un des leviers les plus puissants de réhumanisation du travail comme de la citoyenneté.

Affirmer la souveraineté de l'Europe pour conforter son modèle de civilisation

À l'Est, la Chine promeut un capitalisme autoritaire, où la puissance économique se conjugue à une surveillance systémique et à un contrôle politique renforcé. À l'Ouest, les États-Unis donnent à voir une démocratie fragilisée, exposée à l'instabilité politique, à la polarisation extrême et à une marchandisation presque totale des biens communs. L'une et l'autre de ces deux superpuissances sont engagées dans une course destructrice pour s'approprier les ressources dont elles mesurent qu'elles seront demain épuisées. Dans cet étau, l'Europe se cherche : ni empire, ni nation, ni fédération aboutie, elle peine à incarner un récit mobilisateur, un cap structurant, une identité assumée.

Alors qu'elle doute profondément d'elle-même et que le débat public égrène quotidiennement la liste de ses insuffisances, l'histoire devrait pourtant lui inspirer confiance quant à sa capacité d'innovation et de leadership. L'Europe n'a-t-elle pas inventé, successivement, la démocratie et la république, à l'époque antique, le capitalisme à l'ère moderne et l'État providence au XXe siècle ? C'est donc à elle que nous devons les modèles politique, économique et social les plus avancés. Pourquoi ne saurait-elle pas faire aujourd'hui ce qu'elle a su faire hier ? En devenant le laboratoire d'un système adapté au XXIe siècle, fondé non sur la domination et la dérégulation, mais sur la protection, la coopération, la soutenabilité. Une Europe capable de passer du marché-roi à la souveraineté choisie, de l'obsession des transactions à l'ambition des protections.

L'Europe est moins impuissante et inerte qu'on veut bien le dire. Au contraire, ce qui frappe tient bien davantage à la force de ses succès qu'à la somme de ses errements. Le premier d'entre eux est majeur : le projet européen est né de la volonté d'échapper au chaos des deux premières guerres mondiales dont le Vieux Continent a été le berceau. Quatre-vingts ans après la fin du second de ces conflits, force est de constater que l'intégration européenne rend aujourd'hui hautement improbable, à court et moyen terme, une confrontation militaire entre les ennemis héréditaires ou séculaires d'hier, que furent respectivement la France et l'Angleterre, d'une part, la France et l'Allemagne, d'autre part. Tout au contraire, à la faveur d'un ordre géopolitique bousculé par une diplomatie trumpienne erratique, l'Angleterre, la France et l'Allemagne évoquent ensemble la nécessité d'une défense et, plus encore, d'une protection nucléaire communes. À l'Europe de la guerre et du chaos a objectivement succédé une

Europe de la stabilité et de la paix. Pour y contribuer, une intégration économique et culturelle s'est déployée : un vaste marché unique, fondé sur une monnaie commune, a ainsi vu le jour, constituant aujourd'hui une zone économique plus peuplée que les États-Unis d'Amérique et plus riche que la Chine. Culturellement, l'intégration est également avancée, par la force du tourisme intra-européen et par les échanges universitaires. Enfin, le covid est venu sanctuariser une Europe sociale et sanitaire, prête à accélérer sur la voie de la solidarité entre États. Ces succès viennent a minima contrebalancer les lourdeurs et hésitations que ses détracteurs ne cessent de mettre en avant.

Pour autant, si la libre circulation des biens, des services, des personnes et des capitaux a permis la paix, la prospérité relative et la convergence partielle, elle a néanmoins aussi engendré une forme de dépossession : dépossession démocratique, face à une technocratie bruxelloise perçue comme lointaine ; dépossession économique, face à une désindustrialisation non maîtrisée ; dépossession stratégique, face à une dépendance accrue aux technologies, aux énergies, aux matières premières venues d'ailleurs.

La pandémie de Covid-19 a révélé notre vulnérabilité logistique. La guerre en Ukraine a mis en lumière notre dépendance énergétique. Les tensions avec la Chine ou les États-Unis ont montré l'urgence d'une souveraineté technologique. L'Europe a commencé à réagir : plan de relance, Pacte vert, réindustrialisation verte, protection des chaînes de valeur, encadrement du numérique. Mais ces mouvements restent fragmentaires et souffrent d'hésitations et de retours en arrière.

Il est donc impératif désormais de passer d'une souveraineté réactive à une souveraineté stratégique. Cela signifie retrouver des capacités de production industrielle, investir massivement dans la recherche, dans l'énergie, dans l'éducation. À cet égard, le rapport Draghi offre une feuille de route aussi complète qu'exigeante : il a d'abord permis de prendre la mesure du décrochage européen, comparativement aux États-Unis et à la Chine, en matière d'innovation, de productivité et de revenu disponible ; il constitue ensuite un plan de transformation sans précédent pour à la fois réindustrialiser, sécuriser et décarboner l'économie européenne, au prix d'un plan de financement massif, à hauteur de 800 milliards d'euros par an. Une sorte de plan Marshall bis, intra-européen cette fois, dont l'ampleur consolide l'idée de solidarité entre États en même temps que de souveraineté européenne, que cette dernière soit à dimension industrielle, énergétique, alimentaire, numérique, stratégique ou de défense, pour donner corps à l'« Europe puissance » que beaucoup appellent de leurs vœux aujourd'hui.

Si historiquement, l'Europe s'est affirmée comme un espace économique, fait de concurrence libre et non faussée, les traités de Maastricht et de Lisbonne ont aussi renforcé sa préoccupation sociale et environnementale. Mais ces acquis sont aujourd'hui menacés par l'austérité budgétaire de pays surendettés, par le dumping social intra-européen, par la concurrence industrielle et commerciale extra-européenne, par la dérégulation des marchés du travail, entre l'essor de l'auto-entrepreneuriat et l'ubérisation de secteurs économiques entiers. Alors que le *Green deal* constituait une ambition forte, permettant à l'Union européenne de rivaliser demain avec la « civilisation écologique » à la chinoise, les renoncements sont aujourd'hui multiples. Plus étonnant, la France elle-même brille par son inconstance, en œuvrant à un dépeçage en règle après avoir bataillé pour une transition environnementale accélérée au niveau communautaire.

Sous couvert de simplification, tout à fait nécessaire par ailleurs, la directive CSRD, relative à la publication d'informations extra-financières de la part des grandes entreprises, risque d'être sacrifiée, dans un grand mouvement pavlovien où l'écologie devient une cible privilégiée et dans lequel on n'hésite pas à jeter le bébé de la transition environnementale avec l'eau du bain normatif. Alors que les grands groupes français s'étaient préparés, malgré sa lourdeur, à cette transformation, le recul auquel nous assistons, au nom de la compétitivité, prend les traits d'un alignement par le bas au lieu de définir un standard écologique et social qui, au contraire, s'impose à tous.

Le recul n'est pas qu'écologique, il est aussi social, avec la remise en cause du « devoir de vigilance », cette obligation faite aux entreprises de contrôler leur chaîne de sous-traitance pour vérifier que les droits humains et de l'environnement sont respectés tout au long de la chaîne de production et de commercialisation. Triste ironie de voir, là encore, la France être motrice dans ce renoncement après avoir justement été pionnière, en légiférant dès 2017, au lendemain du drame du Rana Plaza, qui avait fait plusieurs milliers de morts et de blessés dans l'effondrement d'un immeuble hébergeant des ouvriers de l'industrie textile fabriquant des vêtements pour les grandes enseignes européennes. S'inscrivant dans cette continuité, c'est d'ailleurs la présidence française qui avait proposé ce projet de directive. C'est aussi elle qui, aujourd'hui, demande son retrait. Ce recul est d'autant plus incompréhensible que ce texte, sans alourdir les obligations qui s'imposent aux entreprises françaises par la loi de 2017, en étend le champ à l'ensemble des autres pays européens, mais surtout inclut une clause d'extraterritorialité. C'est-à-dire qu'elle s'imposerait en cas d'adoption aux importations extra-communautaires permettant de rétablir, à notre bénéfice, un meilleur équilibre de la concurrence internationale.

Continuer à se soumettre, sans chercher à les aménager, aux règles d'un libre-échange mondial insuffisamment régulé revient à s'exposer à une alternative funeste. Soit l'Europe cherchera à maintenir ses standards sociaux et environnementaux et, s'exposant à la concurrence de pays aux exigences infiniment moindres en matière de coût du travail et de normes environnementales, elle continuera ainsi à se désindustrialiser. Soit elle cherchera à renforcer sa compétitivité pour soutenir son économie et elle devra s'engager dans une course sans fin au moins-disant social et écologique. Or, même s'il est nécessaire de ne pas entraver notre compétitivité par un excès de normes coûteux, nous avons une chance historique de concilier souveraineté économique, et donc progressivement réindustrialisation de notre continent, transition écologique et défense de notre modèle social. En effet, l'élection de Donald Trump n'a pas seulement fait voler en éclats les règles de l'Organisation mondiale du commerce (OMC), elle a permis de dépasser la croyance collective dans le caractère indépassable du libre-échange généralisé et, finalement, de la mondialisation. Le moment est venu de rétablir une concurrence loyale entre le marché communautaire et le reste du monde en imposant progressivement les mêmes exigences sociales et environnementales aux importations extra-européennes qu'aux productions locales ou en compensant le surcoût imposé à celles-ci.

Pour cela, il lui faut uniformiser les règles qu'elle impose à l'entrée sur son territoire aux importations extra-communautaires avec celles pesant sur ses propres entreprises. Le mécanisme le plus puissant serait une généralisation de sa « taxe carbone » aux frontières qui permet de taxer les importations à hauteur de leur coût en CO_2. Ce mécanisme peut être doublement étendu, d'une part, à l'ensemble des produits manufacturés quand il ne s'impose aujourd'hui qu'à quelques matières premières et, d'autre part, à des indicateurs sociaux permettant de mieux équilibrer les termes de l'échange. Cette généralisation aurait le double avantage de nous protéger mieux en cessant de nous exposer à une compétition déloyale, et d'élever progressivement les standards écologiques et sociaux des pays tiers. Défendre ses frontières pour défendre son modèle et ses valeurs et revendiquer l'extraterritorialité de ses règles, plutôt que d'aller vers un renoncement collectif, économique, politique et moral, serait à la gloire des représentants publics européens, alors que le continent suffoque, que l'Amérique s'engage dans une action anachronique et que la Chine accélère sa propre transition, prenant une avance écrasante dans nombre de secteurs qui feront l'économie verte de demain.

Trop souvent, l'Europe aura été perçue comme une machine à produire des normes, des règles, des contraintes, agissant « par le haut », loin des réalités vécues. Cette perception, en partie fondée, alimente l'euroscepticisme et la défiance.

Il faut donc remettre en récit le projet européen, redonner de la chair à ses fondements : la paix, bien sûr, mais aussi la protection, la solidarité, la soutenabilité. L'Europe ne peut plus se contenter d'être une institution, elle doit redevenir une aspiration. Elle doit affirmer son rôle dans la transition écologique, dans la régulation du numérique, dans la construction d'une économie plus humaine. Mais elle doit le faire non sous la forme de normes qui empêchent mais d'une stratégie globale qui permet.

L'Europe de demain ne sera ni un État, ni une simple zone commerciale. Elle sera une alliance de peuples conscients de leurs interdépendances, décidés à préserver ensemble ce qui fait le socle d'un projet de société. Et si son ambition n'était pas seulement d'être un « acteur global », mais un « foyer de civilisation », compris comme un espace de raison, de sobriété et de bien-être ? Une Europe adulte en somme.

Conclusion
La démocratie du XXIe siècle sera adulte ou ne sera plus

Convaincue que la croissance économique et le développement des échanges internationaux constituaient la réponse la plus pertinente à la double question du niveau de vie du plus grand nombre et de la généralisation de la démocratie dans le monde, la génération qui est la mienne a doublement fauté en laissant se dégrader les deux biens communs les plus essentiels que sont la planète et, précisément, la démocratie. L'une et l'autre sont aujourd'hui dangereusement menacées et l'une comme l'autre doivent urgemment être sauvées. Telle peut être résumée la responsabilité historique qui nous incombe. C'est dire si le mythe de la « fin de l'histoire », prédisant la généralisation pérenne du libéralisme économique et politique, avec lequel nous avions un temps vécu après la chute du mur de Berlin, s'est définitivement éloigné.

Cela nous place dans une situation particulièrement difficile : c'est à l'heure où les décisions les plus courageuses et les plus engageantes devraient être prises que le tissu social de notre pays, et bien au-delà en réalité, est le plus fragile, les opinions les plus clivées, leurs expressions les plus radicales et l'intérêt général le plus négligé. Aucune société ne peut relever de tels défis en maintenant ses membres dans la dépendance, la résignation ou, pire, la confrontation. C'est dire l'urgence de promouvoir un fonctionnement mature de notre vie politique. Un fonctionnement à même de nous extraire des récits déclinistes pour promouvoir un sentiment d'appartenance et une envie d'avancer ensemble. Un fonctionnement à même de faire basculer nos pratiques politiques vers un modèle plus horizontal et plus attentif pour réhabiliter chaque citoyen dans sa dignité. À même, enfin, de décaler son regard pour préférer à la soumission au court terme et au culte de la performance, la préoccupation du mieux-être, la recherche d'une sobriété choisie et l'affirmation d'un modèle spécifiquement européen de civilisation.

À défaut d'un tel sursaut, la dégradation de notre fonctionnement démocratique continuera de pousser nombre de nos concitoyens, par colère ou désespoir, à s'en remettre à ceux qui, sans scrupule, exploitent ce ressentiment et flattent les fantasmes de radicalité ou d'autorité.

Pour certains, l'appel à un fonctionnement adulte de la démocratie peut sembler vain, voire dérisoire, face à la puissance séductrice et conquérante de la démagogie. C'est sous-estimer ce qu'est une part majoritaire de la société française aujourd'hui, loin des clichés et des raccourcis. Une société consciente des défis du siècle, prête à prendre sa part et simplement en demande d'être traitée en adulte par le pouvoir, ni plus, ni moins. Une société, qui veut être à la hauteur de son temps, non pas par une quête de grandeur démesurée, mais tout simplement par la construction d'un monde à même d'offrir un avenir paisible et joyeux à ses enfants.

Remerciements

Je tiens à remercier celles et ceux, proches, responsables politiques, journalistes, intellectuels, dirigeants d'entreprise, collègues de la MAIF, qui, par leurs avis ou le partage de leur expérience, ont été pour moi, une source d'inspiration. Parmi eux, je souhaite souligner la qualité des échanges fréquents et des conseils précieux que m'ont apportés Mathieu Souquière et David Nguyen.

Table des matières

Retrouvez notre catalogue sur
www.editionsdelaube.com

Pour limiter l'empreinte environnementale de leurs livres,
les éditions de l'Aube font le choix de papiers
issus de forêts durablement gérées et de sources contrôlées.

Achevé d'imprimer en septembre 2025
sur les presses de l'imprimerie CPI Firmin-Didot
pour le compte des éditions de l'Aube
331, rue Amédée-Giniès, F-84240 La Tour-d'Aigues

Numéro d'édition : 6566
Dépôt légal : octobre 2025
Numéro d'impression : 185122

Imprimé en France